JN438449

낯선 그리움

낯선 그리움

박진희 수필집

수필과비평사

■ 작가의 말

지난해 엄마가 돌아가셨다. 살가웠던 추억보다 서로 외롭고 서러웠던 기억이 많았기에 아프지 않을 줄 알았다. 그런데 다가가지 못했던 거리가 메울 수 없는 구멍이 되었는지 시간이 지날수록 가슴이 휑하다. 때때로 맥락도 없이 울컥한다.

쇠약해진 엄마를 대전으로 모셔왔을 즈음이었나. 저도 힘든 시기를 보내고 있었을 고3 딸아이가, 엄마가 최선을 다해 절 사랑하고 있다는 게 느껴진다고, 고맙다고 말한 적이 있다. '최선을 다해 사랑한다.'는 표현이 이상하게도, 또 짠하게도 들렸지만 그 말에 가슴이 뭉클해졌던 기억이 있다. 내 엄마의 삶도, 어쩌면 그것이 최선을 다해 살고 사랑했던 것이었을지도 모르겠다는 생각이 그제야 들었다.

그때부터였을까. 글이 쓰고 싶어졌다. 그런데 써지지 않았다. 10년 넘는 시간 동안 써놓았다는 글들이 변변치가 않다. 그나마도 4~5년 정도는 아예 쓰지도 못했다. 그래서 한 번은 정리가 필요하다는 생각에 이 무모한 글들을 엮게 되었다.

연구서나 평론집은 몇 권 냈지만 수필집은 처음이다. 그만큼 망설여지는 것도 사실이다. 벌써 쓴 지 10여 년이 넘은 글들도 함께 묶다 보니 민망하기 이를 데 없다. 그러나 한 번은 매듭을 지어야 다시 새로 걸음을 뗄 수 있을 것 같다는 생각이 부끄러움을 무릅쓰게 했다.

서툴렀던 날들의 내 혼잣말, 이 책을 엄마에게 바친다.

■ 차례

1부
그녀, 들길에 서서

2부

남편의 그녀

3부

사랑이 아프다

4부

이젠 그리움이라 부를 수 있을까 

1부

그녀, 들길에 서서

그 남자 그 여자

어떻게 해드릴까요? 가볍게요. 볼 때마다 느끼는 것이지만 정말 무뚝뚝하다. 다른 자리를 둘러보면 미용사가 머리 손질을 하면서도 쉴 새 없이 이야기하거나, 행여 고객이 불편한 점은 없는지 살피는 듯한데 내 뒤에 서 있는 미용사는 꼭 필요한 말만 한다. 대부분은 그게 편하지만 가끔은 아쉬울 때가 있다. 가끔 마음이 허한 날엔 오히려 가깝지 않은 사람과 수다를 떨고 싶은 마음이 들곤 하는

데, 오늘은 상대를 잘못 찾은 것 같다. 왜 이리로 왔는지 슬며시 후회가 된다. 가볍게요? 그럼 조금 짧게 잘라드릴까요? 가슴이 답답해 온다. 사실 머리를 어떻게 해야겠다고 정해놓고 온 것도 아니다. 그저 머리에 손을 댐으로써 마음이 좀 가벼워지길, 물에 흠뻑 젖은 듯한 기분이 좀 나아지길 막연히 기대하며 들어섰던 것인데 자꾸 물으니 조금씩 짜증스러워진다. 알아서 해 주세요. 거울을 통해 본 그녀의 얼굴이 난감해 보인다. 그러나 그것도 잠시뿐 정말 머리를 싹둑 잘라버리기라도 할 듯이 머리끝을 한 움큼 잡는다.

잠깐만요. 이 여자, 누군가를 닮았다.

자지 마. 나를 위해 이십 분만 깨어 있어줘. 알았어. 그는 왜냐고 묻지 않는다. 늘 이런 식이다. 먼저 기분을 알아주진 못하더라도 이런 의미심장한 말을 들으면 적어도 왜 그런지 물어보는 게 당연한 것 아닌가. 왜 그런지 안 물어봐? 왜 그러는데? 됐어. 이번엔 내가 아무 말 없다. 그도 팔베개를 해주고는 한참 동안 아무 소리 없다. 자? 아니, 자지 말라며. 그는 내 몸에 올려놓은 팔에 한 번 힘을 주었다 놓는다.

호르몬 불균형 때문에 우울증이 올 수도, 몸이 아플 수도 있다는 의사의 말을 대수롭지 않게 넘겼는데 한없이 가라앉기만 하는 마음을 주체할 수가 없다. 밖에서 한껏 떠들고 돌아오면 그 자리에 가슴 한 토막을 놓아두고 온 듯 휑하다. 매일 늦게 들어와 곯아떨어지는 남편에게 오기를 부려보는 참이다. 늘 그렇듯이 그는 별 반응이 없다. 등을 보이고 누운 것은 내 쪽인데도 마치 그의 등을 보고 누워 있는 듯 막막하다.

잠은 오지 않는데 그렇다고 일어나 무엇을 할 마음도 일지 않는다. 이런저런 생각에 웃었다 울었다 한다. 그러다가 지난날 힘겨웠던 여행에 생각이 머문다.

첫째를 임신했을 때였다. 막달, 산부인과 검진을 마치고 나오자 남편은 그대로 경포대로 달렸다. 계획은 낭만적이었으나 현실은 가혹했다. 몇 시간 동안 차 안에 앉아서 가려니 배는 딱딱하게 뭉치고 다리는 퉁퉁 부었다. 가는 도중 화장실에 가기 위해 휴게소마다 들러야 했고, 걸을 때마다 허리는 끊어질 듯이 아팠다. 숙소에 들어가서도 금방 곯아떨어진 남편과는 달리 온몸이 결리고, 배가 당기고, 다리에 쥐가 나서 잠을 이룰 수 없었다. 남편의 코고는 소리에 눈물이 나올 지경이었다.

또 한 번 비슷한 경험을 한 지는 그리 오래되지 않았다. 얼마 전 난소 종양으로 수술을 앞두고였다. 바람이나 쐬고 오자는 말에 따라나섰는데 결국은 외도까지 돌고 왔다. 불룩한 배에 임부복을 입고 허리까지 잡고 다녔으니 남들 눈엔 임산부의 단란한 가족나들이로 보였을 것이다. 그러나 통증으로 식사도 제대로 못하고 진통제를 먹으며 수술 날짜를 기다리고 있는 내겐 보이는 것만큼 여유로운 나들이가 못 되었다. 나중엔 신발까지 벗어서 들고 다니고, 뒤에서 아이들과 남편이 번갈아 밀어가며 겨우 나들이를 마쳤다. 남편이 아이들에게 하는 소리가 들렸다. 엄마가 조금 있으면 수술하잖아. 그래서 엄마가 좋아하는 바다 보러 온 거야. 바다 보고 힘내라고.

이 이야기를 들은 친구는 펄쩍 뛰었다. 무슨 일이라도 있었으면 어찌할 뻔했냐면서 남편에겐 생각이 없다고, 내겐 미련하다고 한참 동안 열을 올렸다. 듣고 보니 맞는 말인 것 같다.

결혼 전 지나가는 말로 했던 바다를 좋아한다는 한마디에 무슨 일이 있으면 바다부터 생각하는, 참 고지식한 사람이다. 이 사람 곁에서, 표현 없고 무뚝뚝한 남편이라고 투덜거리며 산 지 십 년이 다 되어간다. 그동안 그의 말 대신 마음에 기대어 살 수 있었던 데엔 친구가 타박한 나의 '미련함'도 한몫하지 않았나 싶다. 왜 이런 일이 있을 때마다 화를 내며 돌아가자고 하지 못했는지 어렴풋이 알 것도 같다. 언제든 그가 가자고 하면 또 따라나서리란 예감도 든다.

나지막하게 남편의 코고는 소리가 들린다. 자는 거야? 어, 미안. 내가 잤나? 이제 자도 돼. 알았어, 당신도 이제 그만 자.

그냥 지금 머리형대로 다듬어만 주세요. 네. 예전에 기분 안 좋으실 때 머리 짧게 잘라서 강하게 파마하셨잖아요. 오늘도 그렇게 하시는 줄 알았는데……. 잘려나가는 머리카락은 별로 없지만 싹둑싹둑 능숙한 그녀의 가위질 소리에 답답했던 가슴이 조금 열리는 것 같다. 수다는 떨지 못했지만 다음에도 다시 이 미용사를 찾게 될 것 같다. 정말 누군가를 꼭 닮았다.

그녀, 들길에 서서

비가 내린다. 그치지 않는 빗소리에 귀를 내어 주고는 책장을 넘긴다. 한 수만 더 읊어보자.

푸른 산이 흰구름을 지니고 살듯
내 머리 우에는 항상 푸른 하늘이 있다
하늘을 향하고 산림처럼 두 팔을 드러낼 수 있는 것이
얼마나 숭고한 일이냐
두 다리는 비록 연약하지만 젊은 산맥으로 삼고

부절히 움직인다는 둥근 지구를 밟았거니……

푸른 산처럼 든든하게 지구를 디디고 사는 것은 얼마나 기쁜 일이냐

문득 그녀가 떠오른다. 그녀는 다리가 불편하다. 목발을 짚거나 저는 것은 아니지만 똑바로 걷기 위해 보통사람보다 많은 힘을 들여야 한다. 그녀와 인연이 닿은 것은 평소 가까이 지내던 이웃집 언니의 부탁으로 그녀의 집에 가게 되면서부터이다. 키가 작고 다리와 허리가 불편한 그녀는 갑자기 도우미 아줌마가 못 오게 되었다며 세탁기에서 빨래를 꺼내주기를 부탁했다. 빨래를 꺼내는 것뿐만 아니라 털어서 널어주기까지 하였더니 그녀는 매우 미안해하면서 기어이 아이들 간식거리를 손에 쥐여주었다. 그 후로는 가끔씩 부침개를 들고 가기도 하고 때론 그녀가 전화로 불러 이것저것 챙겨 주기도 하였다.

그러던 어느 날 길에서 천천히 걷고 있는 그녀를 만났

다. 병원에 가는 길이라며 택시 정류장까지 걸어가는 중이란다. 그나마 날씨가 풀려서 나올 수 있었다고, 추운 날엔 길이 미끄러울까봐 나오지 않는다는 것이다. 마침 그쪽으로 가는 길이라며 그녀를 병원까지 데려다 주었다. 겨울 동안만, 일주일에 두 번 가는 그녀의 병원길에 동행하겠다고 하였더니 기어이 사양한다.

그날이었지 싶다. 군더더기 없이 담담하게 풀어내는 길디긴 그녀의 인생 이야기를 듣게 되었다. 길다는 표현은 그녀의 살아온 세월만을 의미하지는 않는다. 마치 끝없는 들길에 홀로 서 있는 그녀를 보는 듯 그저 막막한 내 심정이라고 할 수 있겠다.

젊었을 적 그녀는 남편과 함께 교직에 있었다. 의학공부 하기를 원하는 남편의 뜻을 받들어 오랜 기간 혼자 벌어 뒷바라지를 했더란다. 그러나 정작 의사가 된 후 남편은 함께 일하던 간호사에게 마음이 빼앗겨 살림까지

차렸다는 것이다. 그녀는 남편과 깨끗이 정리하면서 다시는 보지 않겠다고 다짐하고 정말 삼십여 년이 넘도록 한 번도 본 적이 없단다. 처음에야 감정 때문에 그럴 수 있다지만 아이들 때문에라도 끝까지 그러기는 무척 힘들었을 것이다. 어쩌면 그것은 그 긴 세월, 그녀를 지켜내는 자존심이었을지 모른다.

그녀의 집을 찬찬히 둘러보았다. 놓일 자리에 놓여, 있는 듯 없는 듯 안정감을 주는 몇 안 되는 가구들, 주인의 손길이 느껴지는 아기자기한 화분들, 경건한 기도방 등 단정하고 경우 바른 그녀를 그대로 나타내주는 것 같았다. 아이들 넷은 장성해서 모두 미국에 살고 있다는 이야기에 잠시 놀란다. 지금까지 그녀에게서 혼자라는 느낌을 받은 적이 없기 때문이다.

그 속은 어떨지 모르겠다. 왜 아니 외롭겠는가. 그러나 그녀는 사람과의 관계에든, 종교생활에든, 무슨 일에든지 넘치거나 모자람이 없었다. 늘 친절했지만 또한 지나치지 않았고 상대방의 나이에 상관없이 예의를 갖추었다. 다른 사람에게 의지하려 하지 않았지만 도움을 기쁘게 받을 줄도 알았다. 바르게 걷기를 연습하고 정기적으로 병원에 가는 등 그녀가 자신을 위해 꾸준히 노력하는 모습에서는 또 다른 느낌의 열정을 느낄 수 있었다. 뜨거운 태양 같은 열정이 아니라, 체념할 것은 체념하고 놓지 말아야 할 것은 결코 놓지 않은, 해 저물고 처연히 떠오른 그믐달 같은 열정이랄까. 아니 열정이라기보다는 그녀의, 삶에 대한 예의일 수도 있겠다.

현관을 나서려는데 그녀가 한마디 내려놓는다.

"아직도 같이 살고 있다는 걸 보면 인연은 인연이었나 봐."

그녀의 미소엔 깊이를 가늠할 수 없는 쓸쓸함이 묻어났다. 끝없는 들길을 홀로 꿋꿋하게 걷던 그녀가 잠시 걸음을 멈추는가. 지금까지 조금 내어 놓은 것에도 생색을 보태고, 자그마한 상처에도 온 자신을 휘둘러대곤 하던 내 모습이 몹시 부끄럽게 다가오는 순간이었다.

비는 여태 내리고 있다. 그칠 기미가 보이지 않는다. 이제, 마저 읊어보자.

뼈에 저리도록 '생활'은 슬퍼도 좋다
저문 들길에 서서 푸른 별을 바라보자……
푸른 별을 바라보는 것은 하늘 아래 사는 거룩한 나의 일과거니—

—신석정의 〈들길에 서서〉

삶, 그 사소함에 대하여

나는 요즘 밥을 먹는 데 두 시간이나 걸린다. 틀니 때문이 아니다. 먹는 것과 사는 것이 잘 구별되지 않기 때문이다. 가령 오늘처럼 할미가 계란말이를 만들어주면, 나는 그것을 먹으면서 옛날에 꽃구경하러 갔던 때를 떠올린다.

—에쿠니 가오리의 〈맑게 갠 하늘 아래〉 중에서

머리를 식히고 싶을 때 가끔 에쿠니 가오리의 작품을 읽는다. 〈맑게 갠 하늘 아래〉에서 할아버지는 점심으로 할머니가 차린 밀개떡국과 계란말이를 먹으며 그녀와 소소한 이야기를 나누고 산책을 한다. 그러면서 그는 요즘 들어 그가 말하지 않은 것까지 다 아는 할머니에게서 밀개떡처럼 부드럽고 계란말이처럼 친근한 맛을 느낀다. 그러나 작품 말미에서 보면 계란말이와 밀개떡국은 할머니가 차린 것이 아니라 그의 며느리가 차린 것이다. 할아버지는 할머니가 지난여름에 감기로 죽었다는 것을 늘 뒤늦게야 깨닫는다. 평소 할머니가 즐겨 해주던 계란말이와 밀개떡국을 먹으면서 죽은 할머니를 만나고, 그녀와 지난 세월을 더듬느라 밥을 먹는 데 두 시간이나 걸리는 것이다.

문득 치열했던 며칠이 떠오른다. 지금 생각해도 무엇에 홀린 것 같다. 두 달 가까이 준비해 오던 논문이었는데 원고 마감 전날, 논리에도 맞지 않는 허점투성이의 글이라는 것을 알게 되었다. 애초에 주제 방향을 잘 못 잡았으니 어떻게 고치고 말고 할 것도 없이, 처음부터 다시 하거나 포기하는 방법 외엔 달리 길이 보이지 않았다. 최악의 경우 학회 당일 원고를 직접 가지고 가는 것으로 며칠의 말미를 얻었지만 어림도 없어 보였다. 쏟아지는 눈물 위로 후회만 잔뜩 쌓였다.

최선을 다하지 못했다는 자책감에 논문 쓰는 일 이외에 했던 모든 일들이 너무나 사소하게 느껴지고 후회가 되었다. 아이들 재워 준다고 옆에 누웠다가 그대로 잠들어 버렸던 밤들, 잠 좀 덜 자면 되겠지 하고 만났던 여러 인연들, 가족과 함께 보냈던 주말의 여가들이 한순간 걷잡을 수 없는 후회로 몰려들었다. 남은 며칠 동안 치열하게 작업하며 그만큼 깊이 후회했다. 아이들은 눈치만 보며 조용하게 제 할 일들을 해 나갔고 남편도 경직되어 있는 내게 가까이 다가오지 않았다.

할아버지에게 오랜 세월 함께 산 할머니를 느끼게 하

는 것은 특별한 일이 아닌 늘 반복되는 일상에서다. 함께 먹고 산책하며 날씨와 꽃에 관한 이야기를 나누고 자식들에 대한 걱정을 나누는 지극히 사소한 일. 그러고 보면 지금껏 살면서 후회되는 일들도 또한 그리 큰일들이 아니었다는 것을 깨닫게 된다.

고등학교 이학년 겨울방학 때부터 삼학년 말까지 유학 갈 친구와 시간을 보내느라 공부에 소홀했다. 나는 언제 다시 볼지 모를 친구와의 만남에 최선을 다했고 친구와의 만남은 늘 소중하고 애틋했다. 가끔 그때 한눈팔지 않고 공부를 했다면 지금쯤 어땠을까 하는 생각을 해본다. 시험 보고 난 당시에는 후회가 되기도 했지만 세월이 지난 지금은 후회와는 거리가 먼 감정으로 기억한다. 정작 후회되는 일은 당시에는 별다른 느낌 없이 넘어갔던 사소한 일들이다. 가령 할머니가 손녀를 생각해서 아픈 팔로 하루 종일 떠 놓았던 뜨개질 숙제를 학교에서 돌아오자마자 풀어버렸던 일, 늘 어렵게만 느껴졌던 아버지의 무릎에 앉게 되었을 때, 기를 쓰고 그 품에서 빠져 나왔던 일 같은 것이다. 그때 보았던 할머니, 아버지의 얼굴은 이상하게도 시간이 지날수록 또렷해지는 느낌이다.

삶에서 행복을 찾는다면 그것은 내 인생에 몇 안 되는 큰 사건들에서가 아니라 늘 반복되는 사소한 일상에서일 것이다. 어제도 오늘도 있었던 그 사소함들이 모여 한평생을 이루는 것이라 생각하니 특별하지 않은 일상이 더없이 소중하게 여겨진다.

할아버지는 며느리에게 저녁에도 계란말이와 밀개떡국을 만들어달라고 부탁한다. 나는 소설의 마지막 부분을 읽으며 아이들에게 책을 마음껏 골라 오라고 했다. 아이들과 좁은 침대에 엉켜 아이들이 잠들 때까지 책을 읽어주는 일, 예전엔 늘 하던 일상이었는데 요즈음 바쁘다는 핑계로 내일, 내일 하며 미뤄왔다. 이 사소한 행복을 오늘은 미루지 않기로 했다.

나는 요즘 밥을 먹는 데 두 시간이나 걸린다. 틀니 때문이 아니다. 먹는 것과 사는 것의 구별이 점차 힘들어지기 때문이다.

갈대의 이름

카페에 오른 사진을 보며 웃음을 지어 봅니다. 다른 일을 하다가도 문득문득 생각이 나서 몇 번이고 카페에 들락거리게 됩니다. 얼마 전 전주에서 있었던 '수필과비평' 세미나 후의 문학기행에서 찍은 사진들이지요. 카메라를 들고 여기저기 부지런히 다니며 찍은 문우 덕분에 나도 모르게 찍힌 사진을 보는 재미가 쏠쏠합니다. 사진을 자꾸 보게 되는 것은 익숙지 않은 사진 속 내 모습 때문만은 아닙니다. 내가 모르는 사이 셔터를 누르고 돌아섰을, 보지 못한 문우의 뒷모습 때문입니다. 이런 것인가 봅니다, 문우란. 보이는 곳에서보다 보이지 않는 곳에서 더욱 진한 마음을 나누고 그 여운으로 기다림을 갖게 하는……. 내가 느끼지 못하는 순간에도 기억하고 격려하고 배려해 주는 문우의 마음이 참 고맙습니다.

글은 글쓴이를 닮는다고 했던가요? 글과 이름만 알고 있던 문우들을 직접 만나게 되면 표정, 웃음, 말씨와 분위기가 어쩜 그리 글과 많이 닮아 있는지 늘 신기하다는 생각을 합니다. 짧은 시간이나마 나누었던 이야기와 웃음들이 내내 가슴속에 남아 여운을 주는 것은 아마도 그 글이 주는 이미지 때문이지 싶습니다.

이번 행사에서 마지막 들른 곳은 신성리 갈대밭이었습니다. 억새, 으악새, 갈대에 관한 이야기를 들으며 눈앞에 펼쳐진 광경을 보았습니다. 갈대밭으로 내려가 보기도 했습니다. 위에서 내려다볼 때의 모습과는 또 다른 느낌이었습니다. 위에서 볼 때는 뭐라 할까요. 막연한 아름다움? 여기에서 저녁노을을 보게 된다면 마흔세 번 자리를 옮겨가며 해 지는 모습을 보았다는 어린 왕자의 마음을 느낄 수 있지 않을까 하는 생각을 했더랬습니다. 그런데 내려서서 막상 내 키를 넘는 갈대를 앞에 놓고 보니 그저 막막한 느낌이었습니다. 지금껏 갈대라 하면 갈대밭을 생각했었나 봅니다. 드넓게 펼쳐진 물결 같은 갈대밭 말입니다. 갈대 하나하나가 땅에 뿌리를 박고 그토록 단단하게 버티고 서 있는 줄은 생각지 못했습니다. 바람에 따라, 무리에 맞추어 그저 흔들거리는 줄만 알았던 그 부드러움 아래에 그토록 곧고 매끈한 줄기가 자리하고 있는 줄은 생각지 못했습니다.

누군가는 장맛비를 보고 옥사의 철창을 떠올렸다지요. 그토록 촘촘한 철창을 떠올린 작가의 심정이 애처롭기도 하고 궁금하기도 하였는데 혼자 바득바득 서 있는 갈대를 보면서 문득 갈대는 외로움의 철창 같다는 생각을 하였습니다. 누인 갈대 위로 난 좁은 샛길로 성큼성큼 걸어 들어가는 문우들을 불러 세우고 싶었습니다. 갈대 사이로 사라지는 그들이 순간 다시 내 곁으로 돌아오지 않을 것 같은 우스운 두려움에 그저 고개를 들어 하늘을 보았답니다.

어린 날엔 누군가로 인한 외로움은 그 사람만이 채워 줄 수 있다고 믿었습니다. 그리하여 갈대 속에 혼자 앉아 있는 듯 주위엔 눈도 돌리지 않았지요. 나이가 들면서 외로움이란 꼭 누군가에 의해서만 생기는 것은 아니라는 생각, 어쩌면 판도라의 상자에 맨 마지막으로 남아 있게 된 것이 희망이었다면 제일 처음으로 빠져나가 사람들의 마음에 자리 잡은 것은 외로움이 아니었을까 하는 생각을 해 봅니다. 그저 인간의 자연스러운 마음 하나쯤으로 여기게 되었다고 할까요? 그래서 누군가로 인해 외로움을 느끼게 될 때면 때론 외로운 채로 두어도 보고 때론 주위로 마음을 돌리는 여유도 생기게 되었습니다.

다시 카페 문을 두드립니다. 몇 번이나 보았던 사진인데도 또 다시 입가엔 미소가 떠오릅니다. 외로움을 배경으로 문우들이 활짝 웃고 있습니다. 참 아름답습니다. 글과 글벗이 있기에, 내 사람들이 있기에 외로움도 때로는 아름다운 배경이, 추억이라는 이름이 될 수 있다는 생각을 사진을 보며 처음으로 해 봅니다.

기쁜 우리 젊은 날

새로 제작되고 있는 드라마에 대한 기사에서 〈기쁜 우리 젊은 날〉이라는 드라마의 가제가 눈에 띈다. 〈기쁜 우리 젊은 날〉은 1987년 제작된 배창호 감독의 영화 제목이기도 하기 때문이다. 인상 깊었던 영화를 한 번 더 보고 싶다는 생각은 자주 하지만 실제로 다시 보게 되는 경우는 그리 많지 않은데 〈기쁜 우리 젊은 날〉은 여러 번 본, 몇 안 되는 영화 중 하나이다.

'기쁜 우리 젊은 날'이란 제목은 가슴 한구석에 있는 애틋함과 설렘이라는 감정을 가만히 불러낸다. 제목만으로도 가슴이 그득해지는 느낌이다. 제목에서 눈길을 끄는 것은 '우리 기쁜 젊은 날'이 아니라 '기쁜 우리 젊은 날'이라는 점이다. 그 말이 그 말인 것 같고, 발음상으로는 오히려 '우리 기쁜 젊은 날'이 더 편안하고 자연스럽게 여겨지는 것도 사실이다. 그러나 '우리 기쁜 젊은 날'이라 하면 우리의 젊은 날 중 기뻤던 때에 대한 이야기라는 생각이 들고 '기쁜 우리 젊은 날'이라 하면 우리의 젊은 날은 그 자체로 모두 기쁜 것, 그 기쁜 우리들의 젊은 날에 대한 영상이라는 의미로 들린다. 작가의 의도와 일치하는지는 모르겠지만 이러한 이유로 '기쁜 우리 젊은 날'이라는 제목이 마치 까만 밤하늘에 떨어지는 유성모양 가슴에 와서 콕 박히는 것이다.

영화는 한 남자의 지고지순한 순정에 대한 이야기로,

안성기가 연기한 영민이란 남자의 섬세한 감정과 무구한 사랑으로, 입가에 웃음을 짓게 되면서도 가슴은 짠해지는 그런 영화다. 영화에서는 남자 주인공의 순진하다 못해 무모해 보이는 면모가 많이 그려지고 있다. 영화를 본 지 오래되었지만 아직도 꽤 많은 장면이 기억에서 맴돈다. 그중 하나를 꼽으라면 남자가 여자에게 줄 꽃다발은 공중전화 부스 안에 곱게 모셔놓고 정작 자신은 오는 비를 다 맞으며 밖에서 여자를 기다리는 장면이다. 과묵한 노총각인 영민이 연로한 아버지 앞에서 어린아이처럼 목 놓아 우는 장면도 기억에 남는다.

그런데 나이가 들면 감성도 사라지는지 처음 볼 땐 그저 감동적이기만 하던 것이 시간 차를 두고 여러 번 보면서는, 때로는 주인공 영민이 답답하다는 생각이 들기도 하고 정말 영화에나 나올 법하다는 생각도 들었다. 소위 성공했다는 남자와 결혼을 하고 그 결혼에 실패하고 돌아온 여자를 한결같이 사랑하는 영민이 너무 무모해 보였기 때문이다. 영민은 결국 그토록 사랑했던 여자와 결혼에 성공하지만 그 결혼 생활은 오래가지 못한다. 여자가 딸아이 하나만 남기고 일찍 세상을 떠나기 때문이다. 궁금했다. 이런 상황에서 영민은 그의 지난날을 과연 '기쁜 우리 젊은 날'로 기억할 것인지.

살다보면 이처럼 꾸며진 극인 듯한, 과장된 설정 같은 무구함에 맞닥뜨릴 때가 있다. 감동적이기도 하지만 한편으로는 현실적이지 않다는 생각이 드는 것도 사실이다. 그런데 가만히 돌이켜 보면 우리 젊은 날들엔 지금으로선 현실감 떨어진다고 생각할 만한 무모한 열정들이 편재해 있었다. 그것이 사랑이 되었든 혹은 정의나 이념이 되었든 말이다.

이는 무엇을 대함에 있어서 이해득실을 셈하거나, 지금의 행위가 장차 자신이 그려둔 인생 지도에서 어떠한 위치에 자리하게 될지를 따지지 않는 무구함이 있었기 때문에 가능한 일이 아니었을까. 하긴, 요즈음 확실한 목표를 설정해 두고 이를 위한 스펙 쌓기에 열중인 학생들에게 이러한 말은 그야말로 위험천만한 뜬구름 잡는 소리로밖엔 들리지 않을 것이다. 그러나 누군가는 '허송'이라는 수식어를 붙여줄지도 모를 무모했던 내 젊은 날이 그다지 후회스럽지 않은 걸 보면 단순히 뜬구름만은 아니었지 싶다. 오히려 미래와 전혀 연결시킬 수 없었던 그때의 심정과 판단과 행위가 지금의 나 자신을 이루고 있는 것들과 끈끈하게 연결되어 있음을 지금은 확실히 말할 수 있으니 말이다.

가진 것이 없어도 기쁠 수 있었던 것은 잃을 것을 두려워하지 않음에 그 연원이 있지 않을까. 그리고 이 젊은 날이 그리운 것은 잃을 것을 두려워하지 않았던, 그러한 내 자신이 존재했기 때문이 아닐까 생각해본다. 그때보다 가진 것이 많은 지금은 오히려 그 가진 것을 잃지 않으려고 용쓰느라 기쁨의 순간은 잠시이고 두려움은 깊다. '기쁜 우리 젊은 날'이라. 사실 돌아볼 일만도 아니다. 오늘만 해도 오늘로 그치는 것이 아니라 세월이 흐르고 나면 먼 후일 그때의 '젊은 날'로 남는 것이 아니겠는가. 오늘 이 '젊은 날'도 그날의 '기쁜 우리 젊은 날'로 돌이킬 수 있도록 자신을 던져 볼 일이다.

세상에 공짜가 어디 있어

병원에 입원한 적이 있다. 일주일 정도 있을 예정이라 욕심껏 책을 챙겨 넣었는데 막상 입원하니 같은 병실에 있는 환자들이 쏟아놓는 이야기를 듣느라 정작 책은 읽지도 못했다. 그때의 이야기들은 꽤나 대담하고 솔직했다. 아마도 퇴원하면 볼 일이 없는 사람들 사이에 털어놓는 이야기라 그랬을 것이다. 한마디로 검열 없는 영화를 보는 느낌이라고나 할까.

옆 침대 여자는 그녀의 시아버지에 관한 이야기를 했다. 그녀는 시아버지가 재혼을 하는데 돈을 많이 낭비하는 것 같아 불만이라고 했다. 그녀의 시아버지는 젊은 조선족 여자와 살기 위해 처음에 삼천만 원을 주고, 살면서는 생활비 말고도 다달이 기백만 원씩을 준다는 것이다. 모두들 '어머, 어머', '세상에'를 나지막이 뱉어내고 있는데 화통한 아주머니 한 분이 한마디로 분위기를 정리했다.

"세상에 공짜가 어디 있어? 부부 사이에도 돈이 되었건 뭐가 되었건 다 대가가 있는 거야. 내가 파란만장한 세상을 살면서 뼈저리게 느낀 건 세상에 공짜는 없다는 거야."

이야기판이 파하고 침대로 와 누웠는데 세상에 공짜는 없다는 아주머니의 말이 귀에서 맴돌았다. 그러고 보니 나는 이미 오래전에 나와 남편 사이에 계산을 확실히 해놓고 있던 터라 새삼 마음이 홀가분해지는 것을 느꼈다.

아이들이 예닐곱 살쯤 되었을 때부터 직장을 다니게 되었고 뒤늦게 대학원까지 다니게 되었다. 직장, 공부, 살림을 병행한다는 것은 생각했던 것보다 훨씬 힘들었다. 더구나 시간상으로 여유가 있을 법한 주말이 오히려 더 바쁘고 피곤했다.

그날도 일요일이었을 것이다. 주말이니 아이들과 나들이하자는 남편의 제안에 나는 할 일이 많으니 셋만 다녀오면 안 되겠냐는 말을 차마 하지 못하고 따라나섰다. 해가 져서야 집으로 들어오는데 저녁거리가 걱정이었다. 밖에서 간단하게 먹고 들어가면 좋겠다고 했으나 집에서 먹는 것을 좋아하는 남편은 씩씩하게 곧장 집으로 들어갔다.

밥을 하고 먹고 치우자니 아홉 시가 다 되었다. 몸이 힘든 것도 힘든 것이지만 새삼 집안일에 시간이 많이 든다는 생각이 들어 짜증이 났다. 설거지를 하며 해야 할

과제들을 머릿속으로 정리하고 있는데 퍼뜩 아직 하지 못한 다림질이 생각났다. 거실을 돌아보니 남편은 아이들과 누워 텔레비전을 보고 있다. 이렇게 늦게까지 설거지하고 있는 나를 보면 별말 없이 들어줄 것이라고 생각하고 말을 꺼냈다. 다림질 좀 해주라. 싫어. 잘못 들었나 싶어 다시 물었지만 대답은 한 글자 늘어난 똑같은 의미의 말이었다. 싫다고.

그릇 부딪치는 소리가 커졌다. 우당탕 우당탕. 설거지를 요란하게 끝내고 남편 옆에 바짝 붙어 보란 듯이 다림질을 하고는 책상 앞에 앉았다.

내가 하녀냐. 다 때려치우고 집에만 있으면 되겠냐. 악에 받친 생각이 제풀에 꺾일 즈음 재미있는 생각이 슬며시 파고들었다. 전생에 관한 생각이다. 좀 유치하긴 하지만 나는 남편을 바로 내 몸종으로 만들고, 마당쇠로 만들고, 꼼짝 못하는 마누라로 만들어 실컷 부려먹었다. 그는 몸이 부서져라 일을 하지만 손에 쥐는 돈이 별로 없다. 그녀는 상전이거나 혹은 지엄한 남편인 나를 위해 온갖 시중을 다 들어주지만 고맙다는 말 한마디 들을 수 없다. 통쾌하다.

희한한 일이다. 유치하기 그지없는 생각일 뿐인데도 슬슬 기분이 풀리는 것이다. 나중엔 이 생각에 얼마나 빠져들었는지 미안함마저 느껴지려고 해 웃음이 났다. 불교신도는 아니지만 이럴 땐 어김없이 윤회에 대해 생각해 보게 된다. 지금 기억에는 없지만 영겁의 세월 저 너머 어딘가에서 졌을 빚을 이생에서 갚아가는 것이 아닐까 하는 생각을 해본다.

그렇게 생각하고 나면 세상에 좀 더 겸허한 마음을 가지게 된다. 다른 사람에게 상처 주는 일은 없었는지 돌아보게 된다. 그것 또한 언젠가는 갚아야 할 빚일 터이니 한 번 더 생각하게 되는 것이다. 또 간혹 억울한 일을 당한다 하더라도 마음을 누그러뜨리기 한결 수월할 것 같다. 내가 진 많은 빚 중에서 조금 갚았다 생각하면 그리 억울하게 생각되지만은 않을 것이기 때문이다. 지금 많이 누리고 있다고 그리 반기기만 할 일은 아니며 역으로 지금 사는 것이 힘에 겹다 해도 원망할 일만도 아닌 것이다.

분해서 어쩔 줄 모르던 마음이 여유로워짐을 느낀다. 세상에 공짜가 어디 있겠는가. 부부 사이에도 마찬가지다. 굳이 전생까지 가지 않더라도 분명 살면서 서로 간에 주고받음이 크게 차이 나지 않을 것이다. 누구나 자신의 입장에서, 받은 것은 당연시 여기고 쉽게 잊으면서 준 것은 부풀려서 계산하고 오랫동안 마음에 담아두기 때문에 늘 손해 보는 느낌으로 사는 것은 아닐는지.

그날 저녁 내 마음속의 소리를 들었는지 요즘 남편은 가끔이지만 다림질도 하고 청소기도 돌린다.

피곤한 이유

오늘따라 유난히 피곤하다. 오늘처럼 피곤하다는 말이 입안에서 맴도는 날엔 문득 인철이 생각이 날 때가 있다.

초등학교에서 특기적성 강의를 한 적이 있다. 고만고만한 아이들 속에 있을 때에 느끼는 즐거움은 특별한 데가 있는 것 같다. 쉬는 시간엔 아이들과 놀이를 했다. 여자아이들과는 주로 공기놀이를 하고, 남자아이들과는 딱지치기를 했다. 초등학생 꼬맹이들과 하는 놀이이지만 봐주는 법이 없었다. 나름대로 최선을 다해서 경기에 임한다. 이것이 오랫동안 서로 질리지 않고 놀이를 이어간 비결이다. 일부러 져 주거나 봐주면서 하는 놀이는 서로 금방 흥미를 잃게 된다. 왕년의 실력이 녹슬지 않았는지 공기며 딱지치기에 있어서는 아이들이 넘어서야 할 최종 대상은 단연 나였다. 꼬맹이들 속에서도 가끔 우쭐해하는 내 자신이 우스울 때도 있었다.

내겐 딱지가 가득 든 제법 두툼한 비닐 백이 있었다. 크기가 제일 큰 대왕딱지부터 왕딱지, 일반딱지까지 크기도 다양하고, 아이들이 좋아하는 캐릭터에 코팅까지 되어 있어 예전 내가 가지고 놀던 딱지와는 천지차이였다. 백 안에 든 딱지는 아이들에게서 딴 것 몇 개를 제외하고는 비닐백까지 통째로 인철이란 아이로부터 받은 것이었다.

인철이는 꽤 오랫동안 수업을 받았던 학생으로 성격도 활발하고 성실한 편이었다. 수업을 하면서도 느낀 바이지만 딱지치기를 할 때 보면 승부욕이 대단했다. 나와도 실력이 막상막하라 인철이와 붙을 때면 응원하는 아이들이 더 신나 했다. 인철이는 주머니엔 아끼는 딱지를 지니고 다니고 따로 비닐백에는 많은 딱지를 넣고 다녀 다른 아이들, 특히 저학년 아이들의 선망의 대상이 되었다. 내 눈엔 딱지가 다 그게 그거인 것 같은데, 인철이는 중요도에 따라 넣어두는 주머니가 다르고, 비닐백에 든 그 많은 딱지들도 누구에게서 딴 건지 일일이 기억하고 있었다.

가끔은 나에게 많이 잃어서 씩씩거리기도 했지만 때로는 슬그머니 딱지 몇 장을 쥐어주고 가는 귀여운 녀석이었다. 그런데 어느 날 하루는 인철이가 들어오자마자 원망 섞인 소리를 했다. 중요한 딱지엔 나름대로 표시를 해두었는데 자기가 내게 준 중요한 딱지를 다른 아이에게 주었다고 섭섭해하는 것이었다. 자신이 준 딱지는 절대로 다른 사람에게 주지 말라는 약속을 받아내기까지 하는 인철이는 보기보다 치밀한 녀석이었다.

"선생님, 저 끊어요."

아이들은 수강하던 것을 중단할 때 '끊는다'는 표현을 쓴다. 그리 듣기 좋은 말은 아니다. 이사 가게 되었단다. 섭섭한 표정 하나 없이 너무 씩씩하게 얘기하는 녀석이 조금 야속하기도 했다. 녀석은 여전히 씩씩한 동작으로 무엇인가를 책상 위에 툭 내려놓았다. 딱지가 가득 든 비닐백이었다.

"이거 선생님 줄게요."

깜짝 놀랐다. 정말인지 몇 번을 확인하고서야 이유를 물었다.

"피곤해서요."

대답이 하도 당돌해서 조그만 게 못하는 소리가 없다

며 꿀밤을 한 대 먹여줬다.

"그거 선생님 거니까 맘대로 다른 애 줘도 돼요."

꿀밤 맞은 게 억울하다는 듯이 퉁퉁거리며 교실 문을 나서다가 한마디 덧붙인 말이다. 인철이는 마룻바닥이 울리도록 뛰어갔다.

헤어지기 섭섭하다는 표현이겠거니, 얼마나 섭섭했으면 그토록 소중하게 여기던 딱지를 내놓았을까 생각하며 내심 뿌듯했던 하루였다. 그런데 '피곤해.'라는 말이 저절로 나오는 오늘 문득, 그 아이가 정말 피곤했던 건 아니었을까 하는 생각이 들었다. 소중하게 여기던 마음이 어느 순간 도로 제 마음을 옭아매는 집착으로 변할 때가 있다. 집착은 자유를 온통 저당 잡게 하면서 욕심과 고집을 끌어들이고 너그러움과 융통성을 밀어낸다. 인철이는 새로운 곳으로 가면서 그동안 자신을 '피곤'하게 했던 꾸러미를 내려놓고 갔던 것인지도 모르겠다.

누군가는 일찍이 제 마음을 들여다보고 놓아버릴 줄도 아는 것을 살다보면 어쩔 수 없이 '끊어야' 할 때도 있고, 제 스스로 내려놓아야 할 때도 있을 텐데 나는 계속 미루고만 있는 것은 아닌지 생각해 보게 된다. 사람들 사이에서 무던히도 치대인 하루다. 그러나 피곤한 이유가 어찌 사람들 때문이겠는가. 어느 것 하나도 놓아버리지 못하는 내 마음 탓이지.

상처

어느 도시에 경쟁관계에 있던 장사꾼 두 사람이 있었습니다. 두 사람의 가게는 서로 마주보고 있었지요. 이들은 아침에 눈 뜨고 일어나 밤에 잠들 때까지 어떻게 하면 상대방을 망하게 할까 하는 데만 신경을 썼습니다. 보다 못한 하느님께서 어느 날 천사를 한쪽 상인에게 보내셨습니다. 천사는 이런 제안을 했지요. 하느님께서 그대에게 큰 선물을 내릴 것이오. 그대가 재물을 원하면 재물을, 장수를 원하면 장수를, 자녀를 원하면 자녀를 줄 것이오. 단

조건이 하나 있소. 그대가 무엇을 원하든 그대 경쟁자는 두 배를 얻게 될 것이오, 그대가 금화 열 개를 원하면 그는 금화 스무 개를 얻게 될 것이오. 천사는 잠시 쉬었다가 미소를 지으며 말을 이었습니다. 이제는 화해하시오. 하느님은 이런 방법으로 그대에게 교훈을 주려는 것이오. 천사의 말을 들은 상인은 한참 생각하더니 천사에게 물었습니다. 제가 무엇을 바라든지 다 그렇게 이뤄진다는 말씀이지요? 천사가 그렇다고 하자 상인은 크게 숨을 쉬고는 결심한 듯이 말하였습니다.

"그럼 제 한쪽 눈을 멀게 해 주십시오."

—송봉모의 ≪상처와 용서≫ 중에서

고등학교 때의 일이다. 늘 함께 학교에 가는 친구가 있었다. 기다렸다가 함께 학교에 가는 것은 초등학교 때부터의 일이니 꽤 오래된 습관 같은 것이었다. 그 친구는 마음이 여리고 숫기가 없는 편이었고, 그에 비해 나는 활발하면서도 성격이 똑부러진 편이어서 정해진 것을 안 지키면 곧잘 화를 내었다. 그래서인지 둘 다 약속시간에 늦는 일은 거의 없었다. 친구는 내가 무서워 시간을 지켜야만 했고 나는 친구에게든 내 자신에게든 약속을 지키는 것에 매우 철저했기에 늘 기다리는 일 없이 함께 등교할 수 있었다.

그런데 하루는 친구가 보이지 않았다. 평소보다 조금 늦게 도착했지만 그래봐야 일이 분 안팎이었다. 한참을 기다렸지만 친구는 오지 않았다. 가능한 시간까지 최대한 기다리다가 뛰어서 학교로 향했다. 가는 내내 친구가 그 시간을 못 기다리고 가버린 것일까, 학교에 먼저 도착해서 공부하고 있는 것은 아닐까 하는 생각이 들어 분하고 화가 났다. 학교까지 뛰어가는 길이 한없이 길게만 느껴졌다. 학교에 가서도 친구가 왔는지 확인하지 않았고, 집에 와서도 전화 한 통 하지 않았다. 친구에게서도 연락이 없자 차라리 친구가 아파서 학교에 오지 못했던 것이었으면 좋겠다는 못된 생각까지 하게 되었다.

내내 불편한 마음으로 주말을 보냈다. 월요일 아침, 복잡한 심정으로 나갔는데 늘 만나던 장소에서 기다리고 있는 친구의 모습이 보였다. 갑자기 가슴이 두근거렸다. 친구는 많이 아팠단다. 순간, 팽팽했던 고무줄이 툭 끊어져 그 튕겨져 나온 고무줄에 날카로운 상처를 입은 듯한 느낌이 들었다. 기다리는 동안 노여움을 갖기에 앞서 친구가 아픈 것은 아닐까 하는 걱정을 먼저 했더라면, 그토록 오랫동안 부끄러운 기억으로 가슴에 묻어두진 않았을 것이다.

초등학교 때부터 중학교 졸업할 때까지 그 친구네 집에서 셋방살이를 했다. 그리 넓은 집은 아니었지만 당시 우리 집 말고도 세 들어 사는 세대가 여럿이었다. 처음엔 친구와 가까이서 사는 즐거움이 컸지만 시간이 지날수록 마음 다치는 일이 하나 둘 늘어갔다. 모든 면에서 그 친구보다 앞서 있었지만 무서운 주인집 아저씨인 친구의 아버지 앞에서는 늘 주눅이 들었다. 그때까지 집에 전화가 없었던 탓에 전화를 받으려면 친구네 집 안방까지 들어가야 했다. 낮엔 그런대로 괜찮았지만 가족들이 모두 모여 있는 저녁엔 사정이 달랐다. 어려운 어른들과 친구의 형제들이 쭉 앉아있는 안방에 들어가 자물통까지 채워져 있는 전화기 앞에 앉았노라면 뒤에서 느껴지는 따가운 눈총에 수화기 너머의 목소리가 윙윙 울리는 것 같이 들렸다.

꽤 오랜 기간 그 집에 살면서 누구에게도 털어놓은 적 없었기에 우리를 아는 사람들은 모두 둘도 없는 단짝이라고들 했고 또 그것이 사실이기도 했지만 속사정은 좀 달랐다. 차분하고 여유 있는 친구에 비해 나는 무엇 하나라도 그 친구에게 지고는 못 참았다. 친구의 실수에 대해 관대하지 못했으며, 친구를 배려하는 것에 인색했다. 가장 친하다는 친구에 대한 마음이 고작 이 정도라는 것에 자주 괴로웠다.

며칠 전 친구와 연락이 되었다. 거의 십 년 만인가 보다. 반가운 마음 뒤로, 차라리 친구가 아팠기를 바랐던 그때의 일이 문득 떠올랐다. 길었던 세월만큼이나 숱한 추억들 중에서 하필이면 그 일이 가장 먼저 떠오르다니 예민했던 시기에 어지간히 무거운 마음의 짐이었던가 보다.

상처는 때로 사람을 옹졸하게 만든다. 친구는 한번도 나에게 상처를 준 적이 없지만 나는 자주 상처를 받았고 그때마다 옹졸해지는 마음을 다스리기 힘들었다. 주위에서도 배려에 인색하고 옹졸한 사람들, 또 옹졸함을 넘어 상대에게 활을 겨누는 사람들을 종종 본다. 맞닥뜨릴 때는 인상 찌푸려지는 게 사실이지만 돌아서면 안쓰러운 마음이 들 때가 있다. 그들 또한 그들만의 상처로 인해 두터운 보호벽을 쌓고 있는 것이라는 생각이 들어서다. 다른 사람의 옹졸함에 무관심이나 배척으로 맞서기보다 그 뒤에 가려진 상처에 마음을 두어야겠다고 생각하며 요즘 한껏 옹졸해지려는 마음을 다잡아 본다.

술을 즐겨라

한잔하러 가는 길이었다. 늘 마음을 무겁게 하던 논문 과제를 마쳐서 기분 좀 내려는데 그동안 과제 핑계로 친구들 부름에 거절해오다 보니 정작 이런 날은 도리어 친구들이 바쁘단다. 그렇다 해도 친구들에게 서운해 할 얼굴은 없다 여기고 있었는데, 남편에게서 오래간만에 밖에서 한잔하자는, 눈이 번쩍 뜨이는 연락이 왔다. 들뜬 아이마냥 남편의 팔에 매달려 들어갈 술집을 찾고 있는

데 기분 좋은 간판이 눈에 들어와 박혔다.

'술을 즐겨라'

오늘 같은 날 딱 맞는 주문이다 싶었다. 사실 과제를 마치기 얼마 전부터 끝나기만 해보라며 벼르고 별러왔던 날이었다. 간판까지 흥을 돋우니 기분은 한껏 고조되었으나 이런 마음이 너무 드러나는 것이 아닌가 싶어 그 집으로 들어가자는 말은 삼켰다.

모든 것이 준비되어 있었던 듯이 착착 맞아 들어간다고 여겨지던 참에 전화벨이 울렸다. 그 아이 엄마였다. 통화를 끝내고 먼저 들어가 기다리고 있던 남편과 술잔을 주고받았지만 이미 전화를 받기 전 기분이 아니다.

강의를 나가고 있는 초등학교의 특기적성 수강생 중에서 6학년은 단 한 명뿐이다. 그런데 그 녀석은 늘 아래 학년 학생들과 말썽을 일으켰다. 아니 더 정확히 말하면 아래 학년 학생들을 괴롭힌다고 하는 것이 맞겠다. 어려운 형편 탓으로 엄마의 보살핌을 받지 못하는 게 눈에 보여 마음이 쓰이는 아이들이 많다. 그런데 그런 아이들에게 그 녀석은 심술궂은 장난을 하고 윽박지르고 하는 것이었다. 오늘만 해도 한 아이의 신발이 없어져서 한바탕 소동이 있었다. 신발은 엉뚱한 사물함 안에서 나왔고, 난 당연히 그 녀석을 추궁했지만 끝까지 아니라고 잡아떼는 통에 그저 자신보다 약한 사람을 괴롭히는 것은 나쁜 일이라고 일침을 가하는 것으로 마무리 지었다.

뾰루퉁한 얼굴로 가는 아이의 뒷모습을 보며 좀 더 추궁해서 버릇을 고쳐 놓았어야 하는 게 아닌가 하고 은근히 후회가 되었다. 그런데 그 아이의 엄마가 낮의 일로 느지막이 전화를 한 것이다. 전화를 하기엔 다소 늦은 시각이라는 것과 평소 그 아이로 봐서 엄마도 만만치 않을 거란 생각에 가슴이 답답해 왔다. 그런데 낮의 일과 평소 아이의 태도에 대해 조심스럽게 이야기를 하니 의외로

일에 치여 아이를 잘 돌보지 못하는 사정을 이야기하며 오늘은 '애기가' 많이 속상해하더라는 얘기를 하는 것이었다. 잘 부탁드린다는 깍듯한 인사에 오히려 머쓱해지고 말았다.

'애기'라. 내겐 항상 연약한 아이를 괴롭히는 심술궂은 아이요, 가해자요, 편들어 줄 여지를 주지 않는 아이였건만 엄마에겐 함께 있는 시간이 부족해 늘 안타까운 '애기'인 모양이다. 그 '애기'가 저녁까지 속상해 하는 모습을 보고 어렵게 전화를 한 것이리라. 그렇다면 낮에 있었던 일이 혹시? 그러다 이내 고개를 흔들고 말았다. 심술궂은 아이의 얼굴이 떠올랐기 때문이다. 그래도 무언가 명쾌하지 않았다. 그러고 보니 녀석을 볼 땐 항상 누굴 건드리고 있진 않나 하며 보살펴 주고 싶은 아이들과 엮어서 생각했던 것 같다. 물증은 없었지만 심증이 가는 일이 한두 건이 아니었다. 끝까지 아니라는 아이에게 알았다고 대답은 했지만 마음속에선 늘 '너 아니면 누가'라는 굳은 생각이 자리하고 있었다.

그땐 그리도 확신에 차 있었던 마음이 지금에 와선 영 자신이 서지 않는다. 분명한 것은 자신을 보살펴주고자 하는 마음을 알고는 잘 따르고 의지하는 아이들과 같이 그 아이 또한 내가 자신을 믿고 있지 않다는 것을 충분히 느끼지 않았을까 하는 것이다. 그러한 섭섭함, 선생님에게 인정받지 못하고 있다는 마음 때문에 내가 감싸는 아이들에게 더 심술궂게 대하는 것은 아니었을까. 안된 아이들을 보살펴 주고 싶다는 마음이 앞서 녀석에 대해선 제대로 보려는 노력조차 접어둔 것이 아니었나 하는 생각에 이르자 마음이 무거워졌다.

자리를 털고 일어났다. 올 때의 날아갈 듯한 기분은 어디로 슬그머니 꼬리를 감추었는지 이런저런 생각들이 머릿속에서 힘겨루기를 하고, 이러저러한 느낌들이 두서없이 비집고 들어 말문을 닫게 했다. 때도 잘 맞춰 연락해 왔다고 남편에게 한껏 아양을 부리며 이 길로 들어섰던 때와는 다르게 가라앉은 분위기가 마음에 쓰였다. 집에서 나설 때의 기분으로 돌아가고파 그 간판을 찾아보았다. 잠시 혼란스러웠던 마음에 주문을 걸어보고 싶었던 것이다.

'술을 즐겨라.'

오늘만큼은 복잡한 것 생각지 말고 즐겨보자 싶었다. 그런데 그 간판이 보이지 않았다. 아니 간판이 변신을 일으켰다. 갑자기 무언가 한 대 얻어맞은 기분으로 유심히 살펴보았다. 간판은 벽보다 들어가 있는 문에 부착되어 있는 현수막으로 저쪽에서 볼 때는 벽 때문에 맨 앞의 글자가 보이지 않았던 것이다. 현수막이 어떻게 버젓한 간판으로 보였는지 무언가에 속은 기분이었다. 가다가 한 번만 더 보았어도 이렇게 황당한 경험을 하진 않았을 거란 생각에 풍선에서 바람 빠지는 듯한 웃음이 났다. '술을 즐겨라'가 아닌 '미술을 즐겨라'라는 건물 2층 미술 학원을 홍보하는 문구였던 것이다. 어찌 간판이 변신을 일으켰으랴. 무언가로 한 꺼풀 씌워진 마음에 똑바로 보이지 않았던 것이다.

문득 낮에 뿌루퉁했던 녀석의 얼굴이 떠올랐다. 아니 사실은 교실 문을 나서는 그 녀석 뒤에서 끝까지 추궁했어야 했나 망설이고 섰던, 녀석이 선생이라 부르는 사람이 떠올랐다.

술을 즐겨라? 미술을 즐겨라.

2부

남편의 그녀

민들레 사랑하기

한 남자가 있었습니다. 그는 성실하고 부지런하여 이웃에게 평판이 좋았습니다. 올해 들어 마당의 한 부분을 화단으로 꾸미느라 남자의 손이 바쁩니다. 그는 짬나는 대로 화단을 돌아보며 정성을 들였습니다. 봄을 기다리며 그는 내내 설레고 행복하였습니다.

차가 막혀있다. 짜증이 난다. 약속시간이 촉박하여 미리 경비실에 연락해 두었는데 나와 보니 그대로다. 막고 있는 차를 빼지 않아도 내 차가 나갈 수 있다는 것이다. 아무리 봐도 차가 나갈 수 있는 공간이 안 된다. 끝까지 우기는 통에 시도는 해 보았지만 역시 안 되는 일이다. 지나가는 사람이 차가 못 나간다고 거들지 않았으면 꼼짝없이 내 운전 실력 탓이 되어버렸을 것이다. 여자라고 얕잡아본 것 같아 화가 치밀어 오른다.

약속시간은 벌써 지났다. 있는 대로 경비아저씨에게 짜증을 냈지만 분이 풀리지 않는다. 운전은 할 줄 아냐는 말이 나오려는 것을 꿀꺽 삼켰다. 나에게 이런 면도 있구나 싶어 내심 놀라며 차에 올라 거칠게 문을 닫고 출발했다.

마음이 좋지 않다. 별일도 아닌 일로 아침부터 아이들에게 퍼부어 놓은 잔소리가 돌아와 내 귀에 쟁쟁하다. 남편에게 한껏 보낸 싸늘함도 명치끝에 와 걸린다. 경비아저씨와의 일도 그렇다. 누구의 잘잘못을 따지기에 급급

했지만 돌아보면 현관을 나설 때부터 이미 내 마음은 가시를 잔뜩 돋우고 있었던 것이다.

오늘 하루가 시작부터 왜 이러한가. 다시 차를 돌려 집으로 돌아가고 싶다. 오늘은 어떤 일을 해도 잘될 것 같지가 않다.

기다리던 봄이 되자 하나 둘 예쁜 꽃을 피우기 시작했습니다. 그런데 그에게 한 가지 골칫거리가 생겼습니다. 그가 심지도 않은 꽃이 여기저기서 모습을 드러내기 시작한 것입니다. 바로 민들레였습니다. 처음엔 대수롭지 않게 보아 넘겼지만 시간이 지날수록 그 수가 늘어나 그의 눈에 거슬리기 시작했습니다. 그는 민들레를 뽑기 시작했습니다. 그러나 뽑으면 또 나오고 뽑으면 또 나오고, 민들레는 남자의 노고에도 아랑곳 않고 끈질기게 피어났습니다. 여느 날처럼 민들레를 뽑던 그는 화가 나서 차라리 화단을 모두 엎어버리고 싶다는 생각까지 들었습니다.

난소종양. 일주일 뒤 정밀검사를 앞두고 있다. 열흘 동안 종양이 2센티나 커졌다. 며칠 사이 눈에 띄게 배가 불러와 족히 임신 4개월 정도는 되어 보인다. 불편하고 통증이 느껴지지만 평소 입고 다니던 바지를 고집한다. 다른 사람들의 눈이 의식되는 것도 하나의 이유가 되지만 그보다는 이 상황을 인정하고 싶지 않은 불편한 마음이 꽉 조이는 바지를 고집하게 한다.

평소 자주 연락하지 않아도 늘 가까이 느껴졌던 오랜 친구들에게 괜히 화가 난다. 연락도 없이 잘살고 있냐고 가시 돋친 말로 안부를 묻는다. 내 증세를 자세히 물어 평소 자신이 느꼈던 증세와 비교하는 친구의 철없음에 웃어줄 여유가 없다. 나는 걱정이 되어 하루에도 몇 번씩 걸어오는 그 친구의 전화를 모른 척한다. 소식을 듣고 위로의 말을 건네는 지인들의 전화를 받고도 혹시 형식적인 말뿐은 아닌지 가늠해 본다. 표현이 없고 무뚝뚝한 남편에게는 더할 수 없이 차갑게 군다. 그럴수록 모든 일이 꼬이기만 한다.

내가 가꾸던 화단에도 민들레가 피었다. 결코 씨를 뿌린 적도, 가꾸려고 생각해본 적도 없었는데 민들레는 제멋대로 자라 그동안 가꾸어 오던 화단을 망치고 있다.

남자는 예전처럼 부지런하지도, 성실하지도 않고 매사에 짜증만 내는 자신을 보게 되었습니다. 생각다 못해 그는 마을의 신부님을 찾아갔습니다. 그간의 일을 고하고 어찌하면 좋을지 신부님에게 물었습니다. 신부님은 빙그레 웃으며 대답했습니다.

"간단합니다. 민들레를 사랑하십시오. 그러면 모든 일이 해결될 것입니다."

외출에서 돌아와 계속 누워있었다. 그러다 천천히 일어나 거울을 보았다. 건조하고 차가운 여자가 보인다. 여자는 이렇게 말하는 것 같다. 화단을 망치는 것은 민들레가 아니라 바로 당신이야.

저녁에 들어온 남편이 입맛이 없어도 먹어야 한다며 나가자고 한다. 나는 싫다는 표현을 하지 않은 것으로 대답을 대신하고 철 지난 옷을 넣어두는 옷장을 뒤졌다. 한참을 찾은 끝에 겨우 하나를 발견했다. 벌써 입지 않고 넣어둔 지 팔 년이 다 되었는데 용케 찾았다. 둘째를 가졌을 때 선물 받은 임부복이다. 입고 거울을 보았다. 어색하지만 거울 속의 여자는 훨씬 편안해 보인다. 멋쩍게 쳐다보는 남편을 지나 앞서 현관을 나선다.

독백

열둘, 열셋, 열셋이네요. 뭐하고들 계세요? 이토록 깊은 밤에.

한때 제 별명이 캔디였을 때가 있었어요. 대학 2학년 크리스마스 즈음이었죠, 아마. 좋아하던 사람이 드러머로 있는 밴드의 공연이 있었던 날이었어요. 어울리지 않게 장미꽃 한 송이를 들고 동기들 사이에 자리하고 있었지요. 공연이 끝나고 장미꽃 한 송이를 들고 무대 앞으로 걸어가고 있는데 긴 생머리를 한 낯선 여학생이 커다란 장미꽃다발을 그에게 전해주는 것이 보였어요. 말로만 들었던 그의 여자친구라는 것을 단박에 알아차렸죠. 무척 다정해 보이는 두 사람 앞에서 내가 들고 있던 장미꽃 한 송이는 초라해 보이기 그지없었어요.

아홉…….

학교 근처 선술집에서 송년회 겸 뒤풀이 자리를 가졌는데, 아직도 기억이 나요. 한 톤 올라간 목소리에, 시답잖은 이야기에도 큰 웃음을 그칠 줄 몰랐죠. 너무 웃으니 눈물이 나더라고요. 눈물이 나니 기다렸다는 듯이 콧물이 흐르고 콧물을 닦아가며 또 웃었죠. 웃음과 눈물은 결국 한통속이라는 것을 그렇게 웃으며 닦으며 체득했다고 할까요? 그때 문이 열리면서 그 친구가 들어왔어요. 가까운 사람들과의 자리를 파한 후, 뒤늦게 합류한 거죠. 그때야 호출기가 있었던 것도, 휴대폰이 있었던 것도 아니니 온다고 확신할 수 없었어요. 아니, 실망감을 견디고 싫지 않다는 계산에 오히려, 그는 오지 않는다고 수차례 내 마음에 다짐을 해 두었더랬죠.

한 잔 두 잔 삼킨 술이, 술이 아니라 눈물이었던지 그를 보는 순간 주체할 수 없이 눈물이 쏟아졌어요. 주변 친구들의 따가운 시선에도 그칠 수가 없었어요. 그날 이후 가깝게 지내던 짓궂은 친구들이 나를 '캔디'라고 불렀어요. "외로워도 슬퍼도 나는 안 울어. 참고 참고 또 참지 울긴 왜 울어." 친절하게 노래까지 불러주면서 말이죠. 그럴 때마다 남들은 모르리라 하면서 모노드라마를 찍고 있었던 그때가 생각나 어디로 숨고 싶었지요. 사실 아직 그 습관이 모두 없어진 것은 아닌 것 같아요. 슬픔을 들키지 않으려고 크게 웃어대는. 다만 세월이 그냥 흐르는 것은 아닌지, 조금 더 노련해졌다고 할까요. 그때 전해주지 못했던 장미 한 송이는 어디로 갔을까요?

이제 넷 남았네요.

모든 것에 서툴렀던 스물의 나는 이제 불혹의 나이로 접어듭니다. 불혹이라. 마흔쯤 되면 미혹됨이 없어야 한다는 뜻도, 미혹됨이 없어진다는 뜻도 되겠지요. 그러고 보면 오랜 시간 세상일에 흔들림이 없기를 늘 바라고 다지며 살아왔던 것 같습니다. 마흔을 그럴 수 있는 나이라 여겼는지도 모르지요. 그런데 정작 마흔에 접어드니 자신이 없어진 마음을 또 감추려는 심보인지, 마흔이 넘었어도 세상일에 흔들리고, 웃음 위로 제대로 감추지 못한 눈물을 찍어내는 주변의 '캔디'들이 아름다워 보입니다. 지나온 경험으로 앞을 본다지만 삶에는 늘 서툴 수밖에 없는 우리가 아니겠는지요? 그래서 나의 마흔은 세상일에 흔들림 없는 불혹의 나이이기보다 서툰 것을 늘 잘못이라 질책해왔던 옹졸한 잣대를 버릴 줄 아는 나이이기를 바라봅니다.

하나.

당신이 마지막이네요. 비가 내리기 시작합니다. 당신도 빗소리를 듣고 있나요? 당신은 무슨 사연으로 여태 불을 켜두고 계신지요? 이 비가 그치고 나면 몹시 추워질 듯합니다. 베란다 밖, 불혹을 재촉하는 비를 헤치고 당신의 공간에서만이 환한 불빛을 뿜고 있습니다. 날이 밝기 전 당신의 공간에도 어둠을 허락하길 바라며 저는 이만 불을 끄겠습니다.

남편의 그녀

그가 슬며시 나간다. 그녀를 만나러 나가는 것이리라. 눈치는 채고 있었지만 알은척할 수 없다. 알은척했을 때 맞닥뜨리게 될 그의 반응이 두려워서다. 오히려 앞으로 당당하게 만나러 갈 계기를 만들어 주게 되는 것은 아닐까 하는 염려를 하며 참기로 한다. 스스로 정리하고 돌아오기만을 바랄 뿐이다. 못났다.

그녀는 대단하다. 누군가를 변화시킨다는 것은 산 하

나를 옮기는 일만큼 어렵다고 생각해 왔다. 믿음으로 산도 옮길 수 있다고 했던가. 산 하나를 옮길 만큼의 믿음이면 사람을 변화시킬 수도 있을까? 그런데 그녀는 그토록 어렵다고 생각했던 일을 간단히 해내니 그녀는 정말 대단하다는 것이다. 꼼짝도 하기 싫어하던 남편이 슈퍼엘 다녀온다, 차에 물건을 놓고 왔다, 잠깐 바람 쐬고 오겠다며 연신 들락거린다. 한 술 더 떠 무언가 사오기를 부탁하면 오히려 고마워하는 눈치다. 질투가 난다. 남편에게 그녀는 어떤 의미일까. 혹여 그에게도 한숨을 쉬고 싶을 때 찾는 도피처인 것은 아닐까?

담배를 피워본 적이 있다. 맛이 궁금해서도, 피울 때의 기분을 알고 싶어서도, 그 어떤 호기심 때문도 아니었다. 단지, 깊게 들이마셨다가 그만큼 길게 뱉어 낸 연기 위로 '이건 담배 연기가 아니라 내 한숨이야.'라고 했던 한 선배의 말 때문이었다.

말이 멋있기도 하였고 한숨을 눈으로 볼 수 있다는 기발함에 지체하지 않고 실행에 옮겼다. 먼저 깊게 마셨다가 후……. 아, 내 한숨이 올라간다. 그러나 그뿐이었다. 담배를 처음 피울 때 흔히들 하는 기침도 없었고, 기분이 이상하지도 않았고 밋밋했다. 주변 친구와 선배들은 속 담배니, 겉 담배니, 처음이 아니니 하며 나를 화제 삼아 말들이 많았지만 담배는 내게 끌릴 만한 것이 못 되었다.

기억 속엔, 생각하면 설레는 사람이 있고 너무 싫어서 만나질까 무서운 사람도 있다. 그런가 하면 이도 저도 아니라서 아예 기억에 없는 사람도 있다. 담배는 내게 이도 저도 아닌 사람과 같았다. 피우고 싶다는 생각도, 다시 피우지 말아야지 하는 생각조차도 들지 않았다. 애써 생각지 않으면 피워보았다는 기억도 희미해질 판이다. 습관이 들어 끊지 못할 만큼의 단계까지 끌어들일 만한 그 무엇도 없었다. 그 후로도 가끔 피웠던 한 가지 이유는 한숨을 볼 수 있다는 것이었는데 그마저도 누군가의 생각을 도용한 것 같은 찜찜한 마음에 오래가지 못하였다. 이렇게 오랜 기억 속에 별 의미가 아니었던 담배에 대해 요즘 들어 자주 생각하게 된다.

담배가 건강에 끼치는 해악을 차치하고라면 담배만큼 좋은 것이 어디 있으랴 싶다. 청소년들에겐 호기심의 대상이 되고, 어르신들껜 무료한 시간을 보내는 소일거리가 된다. 하루라도 보지 않으면 못 견딜 것 같은 애인이기도 하고 헤어졌다가도 몰래 다시 만나는 정부가 되기도 한다. 기다리는 마음의 동무요, 고독한 사색의 동반자가 되기도 한다. 직장에선 어떠한가. 상사에게 심하게 혼나고 난 뒤 가장 짧은 시간에 위로를 받는 것은 역시 비상구에서 태우는 담배 한 대에서일 것이다. 휴게실에서 미주알고주알 수다 떠는 핑곗거리로도 단단히 한 몫을 한다. 오고 가는 담배 속에 쌓이는 정은 또 얼마이겠는가.

남편에게 지금 담배는 헤어졌다 다시 만난 정부다. 이년여를 끊어 왔던 담배를 요즘 들어 다시 피우는 눈치다. 처음 그런 기미를 알아챘을 때는 배신감도 들고 실망도 하고 마치 그가 옛 애인 만나는 걸 눈치챈 것마냥 묘한 기분이 들었다. 그러나 시간이 지날수록 꼬인 감정 저 밑에서 마음 한구석이 저려옴을 느낀다.

혹여 그가 뱉는 연기 속에 깊은 한숨이 묻어나는 것은 아닌지. 만약 그렇다면 나는 지금 그에게 한 개비의 담배만큼이라도 위로가 되어줄 수 있을는지. 구실을 만들어 들락거리는 남편을 보며 그에게 담배 같은 마누라가 되고 싶다는 생각을 해 보았다. 정부를 부러워하는 조강지처 같다. 그러나 곧 나는 조강지처만이 할 수 있는 일을 찾기로 한다.

담배는 이러거나 저러거나 해소 차원이다. 일시적인 해소를 반복하는 것이 담배가 그에게 해 줄 수 있는 일이라면, 나는 한 번만으로도 가슴 깊이까지 따듯해질 수 있도록 꼭 안아 줄 테다. 그녀가 인생 뭐 있냐고 자주 그에게 속삭일 때, 나는 가끔이지만 잘하고 있다고, 당신이 있어 행복하다고 말해 줄 테다.

방금 들어온 그가 손을 씻는다. 무엇보다도 건강은 차치할 수 없는 문제가 아닌가. 빠른 시일 내에 그에게서 그녀를 떼어 놓아야겠다고 생각하지만 조금 더 모른 척하기로 한다. 아니 끝까지 알은척하지 않기로 한다.

야경을 즐겨 보던 베란다로 내려선다. 저 너머 불빛들이 정겹다. 저 불빛 사이사이에선 또 얼마나 많은 한숨들이 올라가고 있을까.

새해와 헌 해

딸, 좋은 아침이야. 잘 지내고 있니. 이렇게 오래 떨어져 있기는 처음인 거 같구나. 올해의 마지막 날을 어떻게 보냈는지. 엄마 아빠 생일이 연말연시와 맞물려 늘 들뜬 분위기에서 보냈는데 이번엔 따로 축하하는 자리를 마련하는 대신 해맞이를 하러 왔단다. 지난밤 열두 시쯤 출발해서 새벽 세 시쯤 도착했어. 차에서 잠깐 눈을 붙이고는 바삐 움직이는 사람들 무리에 끼어 바닷가에 서서 해가

뜨기를 기다렸지. 어떤 사람은 불을 피워놓고 무언가를 태우며 기도를 올리고 있는 것 같더구나. 저이는 차가운 대기를 가르며 올라가는 연기에 무엇을 버렸으며, 어떤 소망을 실어 보냈을까 궁금했어. 엄마도 정리해야 할 게 가슴에도, 머리에도 가득한데 머리와 가슴은 서로 다른 말을 하고 있어 정리하려고 하면 할수록 더 뒤죽박죽이 되어 버리는 것 같았거든.

동트기 전의 어둠, 그 안에서 자신의 존재를 묵묵히 그러면서도 웅장하게 드러내는 바다, 그 끝 모를 심연 앞에서 '정리'라는 단어가 너무 초라하게 느껴졌어. 그저 모두가 바람 같다는 생각만 들었단다. 사람과 사람 사이에 맺어진 관계, 그 사이 쌓았던 신뢰, 우정, 주어버린 마음, 이런 것들이 마치 근사하게 쌓아놓은 모래성 같더란 말이지. 손으로 탁탁 두들기며 견고하게 쌓았던 모래성, 매우 근사하고 단단해 보이잖니. 그런데 물기가 증발해버리고 난 모래성은 손대기만 해봐, 하고 벼르고 있었던 듯이 부슬부슬 허물어져 버리지. 그랬어. 손을 대면 댈수록 걷잡을 수 없이 허물어져 이젠 성이라 할 수 없는 모래무더기를 부여잡고 있는 것 같았어. 어디서부터 어떻게 다시 쌓아야 하는지 몰라 그냥 놓아두고 돌아서 가고 싶은 마음.

우리 딸도 친구들 간의 관계로 많이 힘들어했지. 여러 가지 힘든 일이 유난히 많은 한 해였지만 딸이 말도 하지 못하고 혼자 힘들어 했던 시간만큼 엄마 마음을 서늘하게 하는 일은 없구나. 자식이란 이런 걸까. 문득 엄마의 엄마가 간절히 생각나네. 외면하고 싶은 모래더미엔 엄마로, 자식으로, 아내로 살뜰히 챙기지 못했다는 자책, 서툴렀던 인간관계, 융통성 없는 엄마의 성격 등이 산재해 있겠지.

해가 뜬다는 시간이 다가오니 사람들은 웅성웅성했단

다. 엄마도 가슴이 부풀어 올랐어. 지난해의 모든 묵은 것들을 날려 보내고 떠오르는 새해를 보며 새로운 결심을 하리라 마음먹었지. 그런데 그렇게 많은 사람이 기다리던 해는 두터운 구름 뒤에 숨어서 그 붉은 기운만 슬며시 내어놓고 말더구나. 실망이 얼마나 컸을지는 상상이 가지? 사람들이 웅성웅성 흩어지는 사이에서 망연하게 서 있는 엄마가 안돼 보였는지, 한심해 보였는지 아빠가 위로와 핀잔 사이의 어디쯤이 될 말을 던지더구나.

"1월 1일에 뜨는 해만 해야? 내일부터 뜨는 해는 달이래?"

참 이상하지. 따듯한 위로의 말도, 멋지고 감동적인 말도 아니었는데 온몸에 힘이 풀리면서 좀 편안해지는 느낌이 들었단다. 그동안 온몸에 힘을 준 채 움츠리고 있었다는 것도 그때 알았어. 기억나니? 언젠가 바닷가 펜션에서 맞이했던 해. 온 창으로 들어오던 붉은 기운, 너무

나 선명하고 빨간 해가 오히려 사실적이지 않게 느껴지던. 아마 오늘 떠오르는 해를 보았더라면 감동적이었을지도 또 지지부진했던 묵은 감정들을 내려놓고 가는 듯한 느낌이 들어 개운했을지도 몰라. 그런데 말이야, 한 해를 살다보면 크든 작든 또 그 모래무더기 앞에 선 듯, 막막한 날이 없을까. 그럴 땐 엄마는 다음 새해가 될 때까지 기다려야 할까.

작심삼일이란 말이 있지. 많은 사람들은 새해 결심이 작심삼일이 되고 말았을 때 다시 결심하길 두려워한단다. 다시 작심삼일이 되었을 때 느끼게 될 자괴감, 자신에 대한 실망이 두려워서겠지. 그러나 엄마는 작심삼일을 만들까봐 계획하길 두려워하는 사람보다, 작심삼일일망정 삼 일마다 새 결심을 하는 사람이 성장할 가능성이 더 크다고 본단다. 새 결심을 하기에 앞서 항상 반성을 먼저 하게 되기 때문이지.

새해 떠오르는 첫 해를 보진 못했지만 엄만 빠알간 희망 하나를 맘에 품고 간다. 가슴에서 서걱서걱 소리가 날 때, 모든 것이 허무하게 느껴져 서 있기가 힘들 때 엄만 '새해'만을 기다리고 있진 않겠어. 엄마만의 해맞이를 올 거야. 한 해에 몇 번이고 반복되더라도 삶에 다시 기회를 주겠어. 사실 엄만 이렇게 저렇게 자신을 위로하며 일어서려 할 때 다시 또 늪과 같은 상처 속에 빠지게 될까 두려움이 앞섰거든. '작심삼일'을 두려워하는 사람처럼 말이야. 그런데 엄마만의 해맞이를 생각하니 그 두려움이 조금은 만만하게 여겨지는 거 있지.

사랑하는 딸, 해를 보지 못해 실망하는 사람들을 보며 산다는 건 보물찾기 같다는 생각을 했어. 똑같은 상황에서 주어진 것만, 보이는 것만 가지고 가는 사람이 있는가 하면 보이지 않는 것을 찾아 희망이라는 이름으로 사용하는 사람도 있거든. 많이 아파하는 딸을 보며 앞으로 쭈욱 우리 딸에게 힘든 일이 없기를 기도하고 싶었지만 간신히 참았단다. 대신 딸이 보물찾기를 잘하도록, 혹여 힘들고 외로운 길에 서게 되더라도 그대로 주저앉거나 그냥 지나치지 말고 숨어있는 보물을 찾아 나서기를 기도해. 믿으렴. 눈앞에 바로 보이진 않지만 보물은 숨겨져 있단다. 구름 속의 해처럼 말이야.

'엄마' 소리가 듣고 싶구나. 사랑한다.

새해 첫날, 붉은 바다를 뒤로하며.

선운사

바람 끝에 비릿한 냄새가 묻어온다. 비가 오고 있나 보다. 오늘은 눈이나 귀보다 코가 먼저 비를 알아보았다. 밤이 깊어 갈수록 바람은 더 세어지고 있다. 거센 바람 탓에 가만히 귀를 기울여야만 빗소리를 들을 수 있다. 바람 소리 사이로 가만히 빗소리를 가려듣고 있자니 지난봄 시작된 나의 가슴앓이가 슬며시 고개를 든다. 비가 오고 바람 부는 선운사는 어떤 모습일까.

선운사에 가신 적이 있나요
바람 불어 설운 날에 말이에요
동백꽃을 보신 적이 있나요
눈물처럼 후두둑 지는 꽃 말이에요
나를 두고 가시려는 님아
선운사 동백꽃 숲으로 와요
떨어지는 꽃송이가
내 마음처럼 하도 슬퍼서
당신은 그만, 당신은 그만 못 떠나실 거예요
선운사에 가신 적이 있나요
눈물처럼 동백꽃 지는 그곳 말이에요

지난 봄 어느 오전 아이들을 유치원에 보내고 설거지를 하고 있을 때 라디오에서 흘러나온 송창식 씨의 〈선운사〉라는 노래이다. 그때 아나운서가 지금 선운사엔 동백꽃이 한창이라는 말도 한 것 같다. 처음엔 독특한 코러스 때문에 재미있는 노래라는 생각만 건성으로 하고 있었다. 그런데 어느 순간 가사가 귀에 들어오면서 나는 꼼짝을 할 수가 없었다. 손은 그대로 싱크대에 담가둔 채 마음은 노래를 따라 온통 선운사에 가 있었다.

떨어지는 꽃송이가 내 마음처럼 하도 슬퍼서 당신은 그만 못 떠나실 거란다. 내 맘이 너무 슬프다는 말 대신 동백꽃이 눈물처럼 떨어진다 하고, 못 보내겠다는 말 대신 그저 선운사 동백꽃 숲으로 오라고 한다. 오히려 보내야 하는 이의 슬픈 마음이 더욱 절절히 느껴진다. 나도 모르게 눈물이 흘렀다.

그날부터 선운사에 대한 열병이 시작되었다. '내일 가야지.', '이번 주말에 가야지.' '조금 있으면 꽃이 다 질 텐데…….' 빨리 가보고 싶은데 사정은 여의치 않고 조바심이 나기 시작했다.

그러던 어느 날 친구에게서 연락이 왔다. 여럿이 식사하는 자리에서 흘러가는 소리로 했던 말을 친구가 새겨

들었던지 내일이라도 함께 가자는 연락이었다. 아침 일찍 출발해서 부지런히 돌아보고 오면 아이들 유치원 마칠 때까지 올 수 있을 거라는 이야기를 나누며 마음이 잔뜩 부풀었다. 그런데 막상 정확한 날짜와 만날 시간을 정하려는데 선뜻 대답이 나오질 않았다. 머뭇거리다가 결국 약속을 정하는 대신 생각해 보고 연락하겠다는 말로 전화를 끊었다.

문득 가서 실망하면 어떻게 하나 하는 생각이 드는 것이다. 꽃은 다 졌을 것 같았다. 설사 꽃이 떨어지는 광경을 볼 수 있다 하더라도 가서 눈으로 직접 보는 선운사와 집에서 마음으로 그리던 선운사와는 다를 것인데 행여나 실망하면 어쩌나 하는 마음이 자꾸 발목을 붙잡았다. 그렇게 되면 나는 마치 열병을 앓듯이 짝사랑하던 누군가를 마음에서 떠나보내는 듯한 상처를 받게 될 것 같았다.

이제 나의 옹졸했던 짝사랑의 끝을 이야기해볼까 한다.

대학 입학하고 얼마 지나지 않아 한 선배를 짝사랑하게 되었다. 노래를 아주 잘 부르는 선배였다. 늘 어두운 야상을 즐겨 입었고 주변에 사람들은 많았지만 왠지 웃을 때도 외로워 보이는 그런 사람이었다. 신입생 환영회 때 선배가 부르는 노래를 들은 이후 나는 수업이 없는 날에도 그 선배를 보기 위해 학교에 나가 도서관에 앉아 있었다. 나의 활달한 성격도 그 선배 앞에선 어디로 꼬리를 감추었는지 말 한마디 붙이기는커녕 얼굴도 똑바로 쳐다볼 수가 없었다. 노래방이 없었던 그때 어렵게 선배의 노래라도 듣는 날엔 밤에 잠도 오지 않았다.

내 맘을 몰랐던 건지 알면서 모른 척한 건지 그 선배에게선 별다른 반응이 없이 시간이 흘렀다. 선배는 군대에 갔고 그 사이 나는 졸업을 했다. 눈에서 멀어지면 마음에서도 멀어진다 했던가. 파도처럼 출렁이던 선배에 대한 내 마음도 시간이 지남에 따라 호수처럼 잔잔해져 갔다.

몇 해가 지난 어느 날 길에서 우연히 선배를 만나게 되었다. 처음엔 믿어지지가 않았다. 선배와 만나지길 바라며 학교 구석구석을 돌아다닐 땐 왜 그렇게 안 만나지던지 학교가 너무 넓구나 생각했었다. 그런데 학교도 아니고 넓은 서울 시내에서 이렇게 우연히 만나다니 믿을 수가 없었다. 근처에서 차 한잔하자고 하여 함께 걷게 되었다.

놀라운 마음을 가라앉히고 보니 선배가 참 낯설게 보였다. 더 솔직하게 말하자면 선배가 낯설게 느껴질 만큼 초라해 보였다. 양복은 몸에 비해 큰지 축 늘어져서 입고 있는 사람을 지쳐 보이게 만들었다. 선배는 연신 손수건으로 땀을 닦으며 어색하게 그간의 안부를 물었다. 손수건이라니. 정말 선배와는 어울리지 않는 물건이다.

왜 그랬는지 선배와 나는 카페가 아닌 지하상가의 작은 찻집에 들어갔다. 찻집이라기보다는 제과점과 찻집의 중간쯤이라고 해야 하나. 오랜만의 만남에 어색함만을 더해주는 공간이었다. 내 눈과 마음은 실망하기에 바빠 선배가 무슨 말을 하는지 내 대답은 건성이었다. 선배는 내가 이야기에 집중하지 못하고 다른 생각을 하고 있음을 충분히 느꼈을 것이다. 나의 불성실한 대답들로 대화는 자주 끊어졌고 결국 끝까지 어색함을 좁히지 못한 채 선배와 헤어졌다.

집으로 돌아가는데 마음이 몹시 무거웠다. 마치 내 오랜 물건 하나를 잃어버린 듯한, 그 자리에 두고 온 듯한 마음이 들어 그렇게 허전할 수가 없었다.

나는 그날의 일을 여태 내 마음속에 이렇게 한 줄로 기록해 두고 있었다.

'오래 짝사랑했던 사람을 세월이 흘러 우연히 만났는데 너무 실망스럽게 변해 있었고 그날로 내 짝사랑은 끝났다.'

그러나 오늘 세차게 내리는 비는 내게 네 그릇은 딱 그만큼이었다고 말한다. 강하게 한 대 얻어맞은 듯한 느낌이다. 있는 그대로를 인정할 줄 모르고 나만의 잣대로 재고 판단하여 바꾸려 들었던, 그리하여 상처 주고 상처 받았던 내 모습이 부끄럽게 느껴졌다.

베란다로 내려서서 숨을 크게 쉬어본다. 화끈거리던 마음에도 시원한 바람이 전해진다. 살면서 '어떻게 이럴 수가 있지?'라며 물음표를 찍기보다 '그랬구나. 그럴 수도 있겠구나!'라며 느낌표를 찍을 수 있는 날이 많기를 기도한다.

언제고 선운사에 가게 되겠지. 그땐 좀 더 넉넉한 마음으로 돌아보게 될 것 같다. 꽃잎이 떨어지면 떨어지는 대로, 앙상한 가지만 남았더라도 또 그대로 마음에 담아보리라. '아, 여기에서 어떤 사람은 임을 보내는 아픈 가슴을 노래했구나.' 여기며.

착한 신부와 그녀

"착한 신부 입장" 현수막의 문구가 눈길을 끈다. 그런데 다시 보니 "착한 신부 입국"을 잘못 읽은 것이다. 끝까지 읽어보니 국제결혼에 관한 광고다. 현수막에 꾹꾹 박힌 '착한 신부'란 글자에서 아직 미혼인 아주버님의 쓸쓸한 등을 본다.

명절이면 아주버님의 결혼을 걱정하는 어른들의 말씀이 길다. 그럴 때마다 늘 넉살 좋게 넘어가는 아주버님이었는데 지난 명절엔 심정이 많이 상했던가 보다. 저녁상을 물린 후 어머님이 슬쩍 건넨 한마디에 아주버님은 크게 화를 냈다. 시끌시끌했던 분위기가 한순간 리모컨을 눌러 꺼버린 듯 조용해졌다.

어머님은 베란다에서 한참 동안 시간을 보낸 후 기어이 밖으로 나가셨다. 말없이 따라나섰다. 어둑어둑해 오는 하늘 아래에서 보는 어머님의 어깨가 유난히 작아보였다. 아주버님에 대한 섭섭함보다, 사남매 중 유일하게 처자식 없이 혼자 명절을 맞는 자식에 대한 안타까움과 걱정이 컸을 것이다. 뻔한 위로의 말보다 체온을 실어드리는 것이 나을 것 같아 팔짱을 끼고 어머님 곁에 바싹 붙어 걸었다.

동네를 이리저리 돌아다니다 마땅히 갈 곳도 없고 해서 집으로 향하는 길이었다. 놀이터 벤치에 할머니 한 분이 너덧 살 되어 보이는 아이를 데리고 앉아있다. 어머님은 시간을 때우려던 참에 반가운 듯 곁에 앉으셨다. 할머니와 이런저런 이야기로 안부를 주고받는데 아이는 아이대로 여러 가지 말로 끼어들며 할머니의 시선을 놓치려 하지 않았다.

"할머니, 그년 언제 와?"

제법 또박또박 말을 잘한다 여기던 참에 아이가 불쑥 던진 말이다. 어리둥절해 있는 사이 할머니는 늘 있는 일인 듯 대수롭지 않게 툭 쏜다.

"그년은 왜 찾아. 그년 말은 꺼내지도 말아."

할머니는 키워봐야 소용도 없다면서 한참을 아이 키우는 고충에 대해 이야기했다. 집 나간 아이 엄마 대신 할머니가 아이를 키우고 있는 모양이었다. 무슨 사정인지는 모르겠지만 아이가 엄마를 '그년'으로 부르는 상황과, 또 그것과는 어울리지 않게 아이의 말에서 느껴지는 그리움이 마음을 짠하게 만들었다.

문득 지금껏 우리 가족은 아주버님의 결혼을 바란 것일까 행복을 바란 것일까 하는 생각이 들었다. 둘을 같은 의미로 생각함에서 주변 사람들, 특히 어머님은 더 안타까워하고 조바심내지 않았나 싶다. 결혼을 한다고 모두 행복한 것도, 바꾸어 말해 결혼을 하지 않는다고 꼭 불행한 것만도 아니라는 사실을 기억한다면 조금 더 여유 있게 때를 기다릴 수 있을 것이다. 어머님도 비슷한 생각을 하셨는지 돌아가는 발걸음은 훨씬 가벼워 보였다.

'착한 신부'를 필요로 하는 시대인가 보다. 우리나라에서는 더 이상 착한 신부를 찾기 힘들어 외국에서 데리고 와야 하는 형편인가 보다. 이런 형편은 남자건 여자건 나보다 더 많이 가진 상대를 만나 남보다 더 누리면서 전보다 더 편하게 살고 싶어 하는 욕심들이 빚어낸 결과가 아닌가 생각한다. 이런 욕심이 무조건 나쁘다는 건 아니지만 가장 중요한 것 하나가 빠져있기에 문제가 되는 것이다. 언제든 달라질 수 있는 경제적 조건에 더해 변하지 않을 그 무엇 하나, 많은 것을 잃고도 붙들고 살 무엇 하나는 있어야 하지 않을까. 이런 마음을 지니고 있는 사람이라야 어려운 상황이 닥쳐도 인내하며 살아갈 수 있는 '착한 신부', '착한 신랑'이 될 수 있지 않을까.

결혼이 행복의 전부라고는 할 수 없지만 충분히 착한 신랑이 될 만한 사람, 아주버님에게 이제는 착한 신부가 있어서 행복의 나머지 부분을 함께 채워갈 수 있기를 기도해 본다. 그러고 보니 '착한 신부 입국'이 괜히 '착한 신부 입장'으로 보인 게 아닌가 보다.

아라시야마 치쿠린

아라시야마 치쿠린. 영화 〈게이샤의 추억〉을 찍었던 장소로도 유명한 일본 교토에 있는 대나무 숲길이다. 얼마 전 윤동주와 정지용의 시비詩碑가 있는 동지사 대학과 윤동주가 〈아리랑〉을 불렀다는 우지공원을 방문하는 문학기행에서 들렀던 곳이다. 오늘처럼 후텁지근한 날엔 그 울창한 대나무림을 떠올리는 것만으로도 조금은 숨이 트이는 느낌이 든다. 습하면서도 뜨거웠던 일본의 기후,

쏟아 내리는 햇빛을 피하기에 급급했던 몸과 마음에 그 초록빛 그늘과 하늘을 향해 촘촘히 뻗어 있는 대나무 무리는 장쾌함을 느끼게 하기에 충분했다. 숲을 이루는 것은 결국 한 그루의 나무이나 그 한 그루의 나무만으로는 숲을 이루지 못한다는 이치를 새삼 깨닫는 순간이었다. 대나무 한 그루만으로 그토록 고즈넉한 아름다움을 이룰 수는 없지 않겠는가.

일행은 기도를 하면 사랑이 이루어진다는 신사神社, 노노미야진자 앞에서 잠시 땀을 식혔다. 숲길 입구에서부터 눈길을 끌었던 인력거가 많이 보였다. 신사 앞에 도착해 타고 있는 손님에게 설명을 하고 있는 이, 손님을 태운 인력거를 끌고 가는 이, 빈 인력거를 끌고 가는 이 등 각기 모습은 달랐지만 모두 검게 그을린 피부에 건강한 웃음을 보이는 젊은이들이었다. 인력거꾼 하면 현진건의 〈운수좋은 날〉에 등장하는 '김 첨지'나 주요섭의 〈인력거꾼〉에 나오는 '아찡'처럼 처참한 이미지만 떠올리던 내겐 꽤나 신선한 모습이었다. 워낙 비싼 운임에 타볼 생각은 접어두고 앞에 종착하고 있는 인력거를 가만히 지켜보았다.

노노미야진자에 대해 설명하는 것 같았다. 말을 마친 후 밝은 웃음으로 손님이 인력거에서 내리기 수월하도록 도와주고 익숙한 솜씨로 배경 좋은 위치에서 사진을 찍어주었다. 인사를 나눈 후 인력거에서 내린 남녀는 신사로 향하고 인력거꾼은 손님이 앉았던 자리를 정리하였다. 인상에 남는 것은 그 후 인력거꾼의 모습이었다. 손님이 내린 후라면 다른 손님을 찾으러 서둘러 자리를 뜰 법도 한데 인력거꾼은 꼼꼼하게 자리를 정돈하면서 신사를 구경하고 있는, 조금 전 인력거에서 내린 남녀를 가끔씩 바라보는 것이었다. 얼굴엔 보는 사람을 기분 좋게 만들 만한 그런 웃음을 머금고 말이다.

방학 동안 잠깐 하는 아르바이트생인지 정식 직업으로 하고 있는 젊은이인지 모르겠지만 그 웃음엔 여유와 자신감이 깃들어 있어 보였다. 우리는 흔히, 가지고 있는 직업에 따라 그 사람의 가치를 판단하는 경우가 많지만 직업에 임하는 사람의 태도에 따라 그 직업의 가치가 달라 보일 수도 있다는 생각을 해 보았다. 그러고 보니 내 주변에서도 이런 느낌을 주는 사람이 두어 명 있다.

포장마차에 '목요일, 일요일은 정기 휴일'이라 써 붙여 놓은 붕어빵 아저씨. 목요일은 장터에서 장사를 하고 일요일은 교회에 가기 때문에 항상 장사를 하던 그 장소에 나오지 못한다고 했다. 필요할 때 그냥 몇 번 문 닫아도 그만이련만 하는 생각을 해본 적도 있었지만 한두 번 그 집에서 붕어빵을 사고 아저씨와 안면을 익힌 사람은 그 푯말의 소중함을 알 수 있다.

주유소 할아버지는 차가 들어오는 것을 보고 항상 반

갑게 뛰어나와 인사하신다. 주유하는 짧은 사이 유쾌한 말씀을 하시고, 주유소를 나서는 차를 향해선 많이 웃는 하루 보내라는 인사를 잊지 않는다. 주유소에 갔을 때 할아버지가 아닌 다른 사람이 내 차를 향해 다가오면 그렇게 섭섭할 수가 없다.

이런 사람들은 직업의식이 투철한 사람이라 할 수 있다. 또, 자신의 삶에 대한 열정이 있는 사람이라 할 수도 있겠다. 열정이 있는 사람은 어떤 형태로든 아름답다. 그러나 그것만이 다일까. 열정은 삶을 살아가는 에너지이지만 그 열정이 자신에게로만 향해 있을 땐 한계가 있고 그 수명 또한 짧은 것이 사실이다. 한때 열정이라 여겼던 감정이 욕심으로 변질될 가능성 또한 농후하다. 열정이란 타인에 대한 사랑이 전제되어 있을 때에라야 그 빛을 발하게 되는 것이며 사람의 마음을 움직이는 힘을 갖게 되는 것이다. 인력거꾼의 미소가 아름다운 것은 보이지 않는 곳에서의 시선, 사람을 향한 바로 그 마음 때문이다. 그 많은 붕어빵 장수와 주유소 직원들 가운데서 아저씨와 할아버지가 특별하게 다가오는 것 또한 친절 이상의 그 무엇, 사람에 대한 사랑과 배려 때문일 것이다. 인력거꾼, 붕어빵 아저씨, 주유소 할아버지 각기 하는 일도 다르고 연령대도, 생김새도 다르지만 많이 닮아있다는 생각이 드는 것은 이 때문이 아닐까.

대나무 한 그루로는 숲을 이룰 수 없다. 더불어 이루는 아름다운 대나무림, 오늘처럼 뜨거운 날엔 아라시야마 치쿠린, 그곳에 가고 싶다.

우리 깐부 걸래요?

수업 시작 오 분을 남겨 두고 개구쟁이 녀석 둘이 딱지치기를 하고 있다. 좀 더 가까이 가서 들여다보았다. 둥근 딱지를 서로 같은 수만큼 내어 쌓아 놓고 손바닥으로 바닥을 치거나, 입으로 '파' 소리를 내어 생기는 바람에 의해 뒤집어지는 딱지만큼 가지고 가는 게임이었다.

녀석들은 아예 바닥에 배를 깔고 엎드려 딱지 한 장이라도 더 넘기려 열중하고 있었다. 주변에서 구경하는 다른 아이들도 자기가 응원하는 아이가 바닥을 칠 때마다 '아우' 또는 '와'를 연발하며 딱지치기에 쏙 빠져 있다. 나도 이런 게임 규칙으로 딱지놀이를 한 기억이 있다. 그러고 보니 '딱지'의 역사도 참 오래인 듯싶다.

고무줄놀이 못지않게 딱지치기에 열중하던 어린 시절, 내겐 딱지를 넣어둔 상자가 아주 소중한 물건 중에 하나였다. 그 상자를 열어보면 색깔, 크기, 두께가 제각각인 딱지들이 특유의 종이 냄새를 풍기며 들어 있었다.

공책의 표지에 줄을 쳐서 썼던 그때는, 종이가 귀했던 만큼 딱지의 가치도 지금과는 달랐다. 다 쓴 누런 공책을 여러 장 겹쳐서 접은 딱지가 대부분이었다. 색깔 있고 빳빳한 공책 표지로 접은 딱지가 한 장 들어오는 날에는 세상의 한 부분을 뚝 떼어 얻은 기분이었다.

딱지에도 나름대로의 등급이 있었다. 오히려 새 딱지보다는 여러 번 치고 발로 밟아 다져진 딱지가 손에 익어서인지 잘 잡히고 다른 딱지를 잘 넘겼다. 나가서 다른 딱지를 따올 때마다 마음속에선 딱지의 등급이 올라간다. 그 딱지를 가지고 치기만 하면 이긴다는 신념이 들게 되면 나만의 보물 딱지가 되는 것이다.

보물 딱지는 아무때나 함부로 내놓지 않는다. 딱지를 많이 잃었을 때나 상대편에서도 만만치 않은 딱지가 나왔을 때 그때 비장하게 내놓는 것이다. 그렇게 내놓았을 때 간절한 바람대로 이기기라도 하는 날엔 그 감격이란 이루 말할 수 없는 것이었다.

접어 만든 네모난 딱지 말고도 문방구에서 파는 둥근 딱지도 있었다. 글과 그림이 들어 있고 별이 그 테두리에 딱지마다 다른 수로 그려져 있었다. 둥근 딱지를 생각하니 '글 높', '글 낮', '별 높', '별 낮' 같은 특이한 놀이 용어들이 떠올라 웃음이 나온다. 이런 소소한 기억들 사이로 문득 '깐부'라는 단어가 강하게 뇌리를 스친다.

'깐부'라는 말은 그 어원이 무엇인지는 알 수 없으되, 딱지 세계에서는 일종의 동맹이라고 할 수 있다. 가령 내가 한 친구와 깐부를 걸었다 치면, 그를 내 '깐부'라 부른다. 그 친구와는 서로 소중한 딱지를 공유하는 것이다. 둘 중 하나가 딱지를 다 잃을지도 모르는 위험 속에서도 맺는 것이니, 서로에 대한 신뢰가 없이는 맺어질 수 없는 관계인 것이다. 그러니 공유한 것은 딱지뿐 아니라 마음도 함께였음을 알 수 있다. 간혹 그런 마음의 관계를 뒤로하고 가지고 있는 딱지 수나 딱지 치는 실력만 보고 맺은 '깐부'도 있었다. 이런 경우 그 깐부는 오래가질 못하고 깨지고 만다. 서로 손해 보지 않으려는 마음들이 조화를 이루기는 그리 쉬운 일이 아니기 때문이다. 어른들의 인간관계와 다를 바가 전혀 없다.

한번 건 '깐부'를 풀려면 남은 딱지의 분배 문제로 복잡하게 된다. 또 깐부를 풀고 나면 관계가 예전만 못하기 때문에 '깐부 걸기'는 함부로 하는 것이 아니다. 이런 이치를 누가 가르쳐 주지 않아도 모두들 놀이를 하면서 서서히 터득해 나간다.

지금 돌이켜 생각해 보면 그 시절 체험했던 '깐부 걸기'가 성장해서 성인이 된 지금 나의 인간관계 맺기에 큰 영향을 끼쳤음을 알 수 있다. 지난 어린 시절을 되돌아보니, 나와 '깐부'를 걸고 지낸 얼굴들이 몇몇 떠오른다. 그래도 어린 날 잘못 살진 않았구나 싶다. 살면서 가진 것이 많아질수록 '깐부 걸기'가 힘들어진다. 곁의 친구가 재정보증을 부탁하면 나는 난감하기 이를 데 없다. 지금 얼굴이 떠오르는 나의 '깐부'들은 대부분 중 · 고교 때와 대학시절, 그리고 주일학교 교사활동 시절에 만난 인연들이다.

대학 일학년 겨울이었다. 아르바이트에, 주일학교 교사활동에 정신없이 바빴던 그해, 등록금을 다 마련하지 못해 애를 태우고 있었다. 학교에서는 '등록금 투쟁' 중이라 좀 여유가 있으려니 생각하고 있었는데 갑자기 분위기가 바뀌어 급하게 구하지 않으면 등록을 할 수 없게 되었다.

그때 주일학교에서 같이 활동하던 선생님이자 많은 이야기를 나누던 친한 선배 둘이 서슴없이 내게 도움을 주었다. 학생 처지에 결코 쉬운 일이 아니었을 것이다. 한 선배는 어릴 때부터 모아왔던 통장에 있는 돈 모두를 털어 주었고, 또 다른 선배는 집에서 도움을 받았던 것 같다. 후에 그 돈을 갚으러 선배가 아르바이트로 일하는 사무실을 찾았다. 마침 점심시간 끝날 무렵이라 근처 식당에서 함께 식사를 했다. 그날 먹었던 설렁탕의 따듯함은 두고두고 내 가슴을 훈훈하게 해 준다.

통장을 털어 주었던 선배는 지금도 가끔,

"잘살고 있나?"

하며 안부를 전해온다. 내 오랜 '깐부' 중 하나다.

지금보다 가진 것은 없었지만 오히려 나눌 마음이 풍요로웠던 그때가 아니었나 생각한다. '깐부'들과 나누었던 것은 기쁨과 슬픔, 서로의 아픔과 상처였다. 그들의 아픔이 내게도 파도처럼 밀려와 가슴에 부딪쳐 멍들였고, 내 상처가 마치 그들의 것인 양 아파하는 모습에서 나는 위로를 받았다. 깐부인 우리는 서로에게 내 것을 내어 주는 것에 주저함이 없었다.

이 소중한 인연들을 요즘, 바쁘다는 핑계로 내 마음 한 켠에 밀쳐두고 살았다. 미안한 마음이 들지만 그 마음마저도 '깐부'들 사이에선 큰 문제가 아니다. 바람이 서늘해지는 요즘이다. 내 오랜 '깐부'들에게 전화를 걸어본다.

"이제 가을이네."

앞으로 살아가는 동안 몇 명이나 더 '깐부'를 걸게 될까? 몇 명까지는 너무 욕심이고 아마 한 명만이라도 더

'깐부'를 얻게 된다면 감사한 삶이라 생각할 것이다. 좋은 사람을 찾기보다 내가 좋은 사람이 되어 세상을 향해 가만히 물을 것이다.

"우리 깐부 걸래요?"

대목

움직일 틈조차 찾기 어려우리만큼 기차역을 가득 메운 사람들은 화면 밖까지라도 밀고 나올 듯 아슬아슬하다. 바뀐 화면 속에선 기차간을 가득 메우다 못해 짐 올리는 선반 위까지 사람이 올라앉아 있다. 육칠십 년대 우리나라의 설 귀성 풍경인가 했더니 중국의 지난 춘절의 광경이란다. 저런 상태로 짧게는 열 시간에서 길게는 이삼 일씩 가야 한다는데도 화면 안 사람들의 표정에선 설렘과 그리움이 읽힌다.

요즘, 여행지에서 차례를 지내는 생경한 명절 풍경이 있다고도 하지만 '명절' 하면 떠들썩한 대목의 시장, 활기찬 상점들, 가족 안에서의 여유와 따스함 등이 떠오를 만하리라. 그러나 나는 명절 즈음이면 이러한 활기 속에서 마치 길게 난 신작로에 홀로 서 있는 듯한 적막감을 자주 느낀다.

대목 중에서도 대목이었다, 그날은.

어린 나이에 대목이 무엇인지 정확히 알 순 없었으나 부모님의 분주함, 여느 때와는 다른 피곤한 일과 속에서도 얼굴에 비치는 생기와 한 톤 올라간 목소리에서 대목의 의미를 어렴풋이 알 수 있었다. 요즘이야 명절의 간소화, 생활수준의 향상, 대형 마트의 연일 세일 등으로 '명절 대목'이란 말이 무색하게 느껴지지만 예전엔 그나마 명절이라야 졸라맨 허리띠를 조금 풀 맘을 먹었으니 상인들이 명절 대목에 거는 희망은 세상 물정 모르는 어린 아이라도 눈치챌 정도로 진했을 것이다.

추석 삼 일 전, 그야말로 대목 중에서도 대목이었는데 웬일인지 점심때가 지나자마자 멀리 비탈길을 힘겹게 올라오는 아버지의 모습이 보였다. 달려가 안길 만도 하건만 그저 옆에 가 말없이 함께 올라오는 것이 고작이었다. 오래 떨어져 살다가 학교 다닐 때가 되어서야 겨우 함께 살게 된 아버지가 늘 어렵게만 느껴졌기 때문이다. 머리 위로 내리쬐는 햇빛, 물기란 물기는 다 증발해 버린 듯한 건조한 날씨, 매캐한 흙먼지 냄새는 아버지를 더욱 지쳐 보이게 했다. 집에 들어서자마자 아버지는 피곤하다는 말을 남기고 깊은 잠에 빠져들었다. 코고는 소리가 예사롭지 않았지만 피곤해서라 여겼지, 그것이 멈추려는 심장의 마지막 안간힘이었음은 생각지도 못했다.

추석을 앞둔 상가喪家는 쓸쓸했다. 서른 초반의 젊은

어머니는 실감이나 났을까. 차가운 땅에 남편을 묻고 오열하는 그 순간에도 그저 꿈이기를 간절히 바랐을 것이다. 넋을 놓고 보낸 시간들이 지나고 일상으로 돌아왔을 때 오히려 남편의 부재가, 혼자라는 사실이 뼈저리게 사무쳤을 것이다.

갖은 고생 다해 놓고 이제 좀 살 만하다 싶었는데……. 이럴 줄 알았으면, 이렇게 허망하게 갈 줄 알았으면……. 대목이 뭐라고, 그렇게 병원에 가보라 했건만 대목 지나면 가겠다더니, 대목 지나고 보자더니. 끝을 잇지 못하는 어머니의 탄식은 그칠 줄 몰랐다.

대목엔 바쁘다. 돈을 벌지만 돈을 버느라 실상 그 돈을 쓸 여유가 없는 것이다. 대목이 지났다는 것은 경제적인 풍족함과 더불어 시간적으로나 마음적으로도 여유가 있음을 뜻한다. 병원 가는 것조차 굳이 대목 뒤로 미루는 것은 이 때문이리라.

마흔 초반의 아버지, 서른 초반의 어머니, 나이로 치자면 인생의 대목이라 할 만한 시기이다. 어쩌면 어머니는 대목만 지나면 어여쁘게 화장도 해보고 집안에서 아이들 보살피며 아기자기하게 살아보리라 했을지도 모른다. 방황하며 보낸 젊은 날, 쫓기듯 살아온 날들, 제대로 정 주지 못하며 살았던 날들도 대목 지나면 웃으며 이야기할 날 있을 것이라 아버지는 여겼을지 모른다.

내 나이는 이미 그때의 어머니 나이를 훌쩍 넘었다. 나 또한 대목을 넘고 있는 것인가. 조금 더 형편이 나아지면, 조금 더 시간적 여유가 생기면, 조금만 더, 하며 미루는 일들이 하나 둘 아니다. 명절 대목이야 때 되면 어김없이 돌아오는 것이나 인생의 대목이 언제라고 정확히 짚을 수는 없는 일 아닌가. 늘 이보다 더 경기 좋은 대목을 기대하느라 너무 많은 것을 미루고 있는 것은 아닐까.

투둑투둑 빗방울 부딪는 소리가 들린다. 창문을 열자

땅 위에 처음 닿는 빗방울을 타고 싸아하니 흙냄새가 올라온다. 문득 지친 아버지가 힘겹게 비탈길을 올라오던 그날의 메마른 느낌과, 북적북적하던 추석 대목의 활기가 함께 떠오른다.

미루지 말고 사랑할 일이다. 미루지 말고 나눌 일이다.

3부

사랑이 아프다

허기와 그리움

시계의 시침은 정오를 향해 가고 있을 뿐인데 밖은 비가 오려는지 어두컴컴하다. 어린 날, 해는 넘어가고 친구들은 하나씩 집으로 불려 가는데 부르러 오는 이 없이 혼자 집으로 돌아가는 길, 터벅터벅 다가오던 그 컴컴함과 흡사하다. 이런 날엔 가슴 한편에 웅크리고 있던 헛헛함이 슬그머니 고개를 든다. 그러나 아이들 올 시간이 다 되어 간다는 생각에, 창밖을 보며 추억 속 여기저기를 거

널고픈 마음을 접어둔다.

무엇을 해줄까. 늘 이런저런 것이 있으니 챙겨먹으라는 전화로 아이들의 허기를 달래주는 것이 다였기에 오늘처럼 직접 챙겨줄 수 있을 때는 생색낼 만한 것으로 하려고 한다. 감자를 넉넉히 꺼내 껍질을 벗기고 강판에 간다. 오늘 같은 날씨엔 국수나 부침개가 먹고 싶다고 할 것이 분명하기 때문이다.

다녀왔습니다, 하는 우렁찬 목소리와 함께 아이들이 들이닥쳤다. 말 그대로 아이들은 그냥 들어오는 것이 아니라 들이닥친다. 무엇이 그리 바쁜지 현관 비밀번호를 누르고 문을 열고 집안으로 들어오기까지 걸리는 시간은 그야말로 눈 깜짝할 새라 할 만하다. 무슨 냄새냐, 배고프다, 쉴 새 없이 재잘거리며 호들갑들이다. 손 씻고 식탁에 앉은 아이들에게 노릇노릇하게 부친 감자전을 내어 놓았다. 그 옆에 설탕과 간장도 곁들여 놓았다. 종지 안 설탕을 보고 반응들이 다르다. 작은아이는 좋아하는 기색이 역력한데 역시 큰아이는 설탕은 몸에 좋지 않다고 한마디한다. 감자전을 설탕에 찍어먹는 것을 처음 보았을 때 남편은 건강문제는 차치하고라도 전을 설탕에 찍어먹는다는 것 자체가 이해되지 않는다는 반응이었다. 사실 가족 중에서 단것을 제일 싫어하는 사람은 나다. 그리고 감자전을 늘 이런 방법으로 먹는 것도 아니다. 그런데 그런 날이 있다. 금방 부친 뜨거운 감자전을 꼭 설탕에 찍어먹고 싶은 그런 날이.

언젠가 지인들과의 식사 자리에서 조미료를 많이 넣는 식당과 그렇지 않은 식당이 화제로 오른 적이 있었다. 그때 지인 중 하나가 가끔 조미료가 듬뿍 들어간 찌개가 먹고 싶은 날이 있다고 해 모두가 의아해 했다. 그 이유를 들어보니 어머니가 음식을 할 때 조미료를 많이 넣었다고 한다. 기실 결혼 전에야 어머니가 음식할 때 조미료를 넣는지 어쩐지 알았겠는가. 결혼하고 제 자식을 낳아 기르는 사이, 어머니가 건강에 안 좋은 조미료를 너무 많이 넣는다, 부엌에서 조미료를 아예 없애야 한다는 등의 반복되는 아내의 잔소리를 통해 알게 된 사실이었다.

가족의 건강을 챙기는 아내가 현명해 보이기도 했고 또 그런 생각 때문이었는지 무언가 부족한 듯한 아내의 음식은 깔끔하고 담백한 맛으로 인식되기도 했단다. 그런데 어머니가 돌아가시고 그 슬픔도 희미해질 만큼 오랜 시간이 흐른 어느 날, 술 한잔 걸치고 어깨가 축 늘어져 집으로 돌아가는데 갑자기 무언지 모를 허기를 느꼈단다. 수저를 놓고 일어선 지 얼마 되지 않았기에 이해되지 않는 허기였던 것이다. 그 허기의 정체를 생각하다가 '조미료를 많이 넣은 찌개'에 생각이 미치게 되었고 그는 집까지 비틀비틀 눈물을 뿌리며 걸었단다.

곰삭은 그리움. 그가 '어머니가 보고 싶다.'가 아니라

'조미료를 많이 넣은 찌개'가 먹고 싶다고 한 이유를 알 것 같다. 그리움이란 인이 박인다는 표현처럼 누군가와의 모든 기억들이 삭을 대로 삭아 몸에 깊숙이 배어 있다가 불쑥불쑥 드러나는 것이지 싶다. 그것은 깊이 각인되어 있지만 워낙 몸에 배어 있는 것이라 때론 격앙된 감정을 불러일으키기도 하고 또 때론 무언지 모를 허기처럼 스쳐 지나가기도 하는 것이다.

오래 병상에 계셨던 할머니가 돌아가셨을 때 그리 많이 울지 않았다. 모든 절차가 끝나고 집으로 돌아와 혼자가 되었을 때 하염없이 눈물이 흘렀다. 한동안 할머니 손에서 클 때의 추억들이 생각나고 할머니가 보고 싶고 하더니 그것도 시간이 지나감에 따라 희미해졌다. 그런데 연년생을 낳고 키우느라 다른 데는 눈도 돌릴 여유가 없었던 어느 날이었다. 보채던 아이 둘을 재우고 그 곁에 누워 눈을 붙이려고 하는데 왠지 모를 헛헛함, 허기를 느꼈다. 다른 때 같았으면 부족한 잠을 자는 게 우선이었을 것이고, 정 배고프면 간단한 것으로 때우고 말았을 터인데 그때는 그렇게 채워질 허기가 아니라는 것을 직관적으로 알았다.

천근 같은 몸을 일으켜 감자를 강판에 갈기 시작했다. 금세 후회가 되었지만 내가 미쳤지, 하면서도 끝까지 갈아 감자전을 부쳤다. 그때, 선머슴처럼 온 동네를 휘젓고 다니다가 출출한 배로 집에 들어가면, 금방 부친 감자전을 손으로 찢어서 설탕에 찍어 입에 넣어주던 할머니를 기억한 것은 아니었다. 그냥 그렇게 설탕에 찍은 감자전이 참을 수 없을 만큼 먹고 싶었을 뿐이다. 금방 부친 감자전을 설탕에 찍어 입에 넣는 순간 그 허기의 정체를 알 수 있었다. 허덕대고 있는 나에게 잘하고 있다, 기특하다, 토닥여줄 투박하고 거칠거칠한 손이 간절하게 그리웠던 것이다. 그리움이란 이렇게 머리가 기억하기에 앞서 감각이 기억하는, 곰삭은 무엇일 것이란 생각을 했다. 머릿속 기억은 희미해지고, 왜곡되기 싶지만 온몸에 배어 있는 기억은 인식이 닿지 않는 영역에서도 끊임없이 그리움을 삭히고 있을 것이기 때문이다.

큰아이는 간장에, 둘째 아이는 설탕에 찍어 감자전을 맛있게 먹는다. 이 아이들도 크면서 무언지 모를 허기 하나쯤은 가슴에 품게 되겠지. 그럴 때 이들은 무엇을 떠올릴까. 엄마가 해 준 음식 중에 뭐가 제일 맛있니, 물어본다. 그러나 그것은 어리석은 질문임을 안다. 허기를 채워줄 수 있는 것은 맛이나 그 음식 자체가 아니라 그와 함께 나누었던 시간이고, 감각이고, 마음이기 때문이다. 단순히 머릿속에 저장된 기억으로는 이 허기를 채울 수 없는 것이다. 오히려 지금으로 봐서는 기억에도 남지 않을 아주 소소한 일상이 오랜 시간 마음과 육신의 감각 속에서 삭고 삭아 그 허기를 채워줄 무언가가 될 수도 있는 것이다. 함께하는 순간순간이 이들의 마음을 다독여 줄 곰삭은 그리움이 될 수도 있을 것이란 생각을 하니, 일상이라는 이름의 '지금, 여기'가 무척이나 특별하고 소중하게 느껴진다.

딱딱하다는 것

마지막 남은, 발톱 아닌 발톱을 깎으려 한다. 상처 입은 발가락에서 처음 이 정체 모를 물질을 발견했을 때의 당혹감이 떠올라 깎으려던 것을 멈추고 가만히 만져보았다. 약간은 시큰거리는 것이 아무래도 진짜 발톱과는 차이가 있었지만 발톱의 역할을 톡톡히 해낸 것만은 사실이다. 새 발톱이 자랄 때까지 노출되어서는 안 되는 속살을 덮고 보호하는 일 말이다.

평소에 신지 않던 힐을 무리해서 신은 것이 결국 탈이 나고 말았다. 두 번째 발가락 발톱이 시커멓게 멍이 들더니 급기야는 발톱 밑에 물이 찼고, 물이 빠지고 난 자리엔 공간이 생겼다. 발톱 가장 자리만 살에 고정되어 있지, 기실은 발톱이 살과 분리되어 붕 떠 있는 모양새가 되어 버린 것이다. 발톱이 완전히 빠진 것은 아니었지만 발톱과 분리된 살이 버젓이 보이니 여간 당혹스럽고 두려운 게 아니었다. 새 발톱이 나오면 걸쳐 있기만 한 이 어설픈 발톱은 밀려 내려가 자연스럽게 빠지게 되는 것인가. 혹여 새 발톱이 자라기도 전에 일상생활 속에서 발톱이 떨어져 나가는 것은 아닌가 걱정이 앞섰다.

그런데 생각지도 못했던 일이 일어났다. 어느 날 집에 들어와 양말을 벗는데 그 문제의 발톱이 떨어져 양말에 딸려 나온 것이다. 어느 정도 시간이 흐르자 뚜껑처럼 덮여있던 발톱이 떨어져 나온 것인데 애초에 생각했던 것과는 진행과정이 달라 당황스러웠다. 발톱이 자라면서 밀려 내려갈 것이라는 생각과는 달리 한 번에 훽 떨어져 나갔고 공기에 노출되어 걱정스럽기만 하던 살이 어느새 완전하지는 않지만 발톱 모양새를 갖추고 있었다. 살이 굳어지고 딱딱해져 그 자체로 발톱이 될 것이란 생각은 한 번도 해보지 않았다. 발톱은 덮여있던 발톱이 떨어져 나가고 나서야 자라기 시작했다.

보호막과의 관계에 있어 노출은 상처를 의미한다. 그렇게 보자면 이는 상처 입은 살이 스스로 딱딱해져, 더 깊은 곳에 자리한 상처를 덮고 있는 격이다. 딱딱하다는 것, 그것은 한때 상처였다는 의미다. 덮어야 할, 보호해야 할 여린 속살이 있다는 의미이기도 하리라.

발톱 끝, 마지막 남은 딱딱해진 상처를 잘라내며 마음 한 구석을 들여다본다. 나의 시선은 그동안 상대의 딱딱함에만 머물고 있었던 것은 아닐까. 그 너머 드러나지 않은, 차마 드러낼 수 없는 여린 속살은 보지 못한 채.

어쩌면 보지 않은 채.

사랑이 아프다

“꼭 그래야 하나요?”

꼭 그래야 하는 건 아니란다. 그럼에도 그렇게 하기를 권하는 이유는, 이것은 있어도 그만 없어도 그만인 그런 건데 계속 지니고 있으려면 세심한 관리가 필요하기 때문이란다. 그렇지 않은 경우 잘못하면 옆에 있는, 없어서는 안 될 것까지 상하게 되는 수가 있는데 굳이 그렇게까지 하면서 지니고 있을 필요가 있겠느냐는 것이다.

무엇보다도 지금 불편을 느끼니까 찾아온 것 아니냐는 그의 말에 괜한 우문을 한 것인가 싶어 더는 물어볼 엄두도 나지 않았다. 못 견딜 만큼 아픈 적은 없었지만 가끔 한 번씩 찾아오는 통증으로 완전히 잊고 지낼 수도 없었던 그간의 상태를 의사는 '불편을 느끼는 것'으로 표현한 셈이다.

'사랑니'라. 어금니라면 골치가 아프겠지만 사랑니라 괜찮단다. 그냥 빼버리는 것이 간단하다는 말이다. 신경 쓸 일 없도록 예방차원에서라도 발치하는 것이 낫다는 의사의 처방에 토를 달고 싶은 마음은 딱히 없었지만 내면 깊숙한 곳에서 꿈틀대는 까닭 모를 반발심에 생각해 보겠다는 애매한 답을 내어놓고 말았다. 있어도 그만, 없어도 그만이라면 그 이름이 왜 하필이면 '사랑니'라는 말인가.

사실 병원을 찾기 전까진 통증을 유발하는 치아가 사

랑니인지 어금니인지조차 인지하지 못했다. 아니, 그 무엇이든 상관없었다. 그런데 사랑니라 뽑아도 괜찮다고, 괜찮은 것이 아니라 오히려 뽑는 것이 신경 쓸 일도 없고 훨씬 편안할 거라는 의사의 말이 유난히 불편하게 들려 쉽게 그러마고 말할 수 없었다.

종로 한복판이었다. 돌아서 가려던 그의 등에 대고 그대로 가면 이것으로 끝이라 했다. 그런데 어이없게도 그는 그 끝이라는 길을 성큼성큼 걸어서 가버리는 것이었다. 종로 한복판 길거리에서 사랑은 그렇게 끝이 나버렸다. 돌아서 가는 그를 보면서 나는 울었던가 말았던가. 시험이나 끝나고 얘기하자는 그의 말에 슬픔은 한걸음 밖에서 주춤하고 있었는지 모른다. 머릿속에서는 같은 말이 계속 맴돌았다.

'사랑이 어떻게 이래…….'

사실 무엇 때문에 틀어지기 시작했는지는 기억조차 없다. 특별한 일이 없었는지도 모르겠다. 우리는 그냥 그렇게 시들해졌고 어느 순간 서로의 일과에 무관심하거나 무관심한 척하고 있었으며, 서로에게 간섭하는 것이 어색해져 있었다. 오래지 않은 시간이나마 그런 불편하고 어색한 관계를 이어갔던 것은 그 관계를 끝내야만 할 특별한 이유랄까 명분이 없었기 때문이기도 했지만 무엇보다 자존심에 용납되질 않아서였다. '사랑'이라 했으면 차라리 불타올라 사라져버릴망정 낡아가서는 안 되는 것이었다. 적어도 그것이 사랑이었다면 말이다.

날짜를 세어가며 하루도 빠지지 않고 술을 마셔댔고 하루 종일 정처 없이 걸어다니기도 했다. 위로해주는 이가 옆에 있는 날에는 슬픔 속에서 헤어 나올 생각을 하지 않았다. 그것이 이별에 대한 예의라도 되는 듯. 훗날 들으니 그는 헤어짐을 생각조차 하지 않았기에 오히려 시험이나 끝나고 얘기하자며 돌아설 수 있었다던가.

거리가 없다면 의식도 없다. 사랑에 빠져 있을 땐 그것이 사랑인지 무엇인지, 사랑이라면 어떠해야 하는지 생각하지 않는 법이다. '사랑'이라는 이름에 연연하기 시작했다는 것은 그것을 바라볼 만큼의 거리가 생겼다는 의미이다. 사랑이, 어떻게, 이래, 끊어진 필름처럼 의식 속으로 불쑥불쑥 틈입해 들어오던 조각난 문장들……. 몰아적 열정만이 사랑이라 여겼던 그때, 그 거리는 변질이라는 것 외에 아무 의미도 될 수 없었다.

문득 그가 아니라 사랑이라는 이름에 열정을 쏟고 있었던 것은 아닐까 하는 생각이 든다. '거리'가 '변질'이 아니라 자유이고 배려일 수 있다면 사랑의 지속은 바로 그 거리에서부터 시작되는 것일 터인데 말이다. 사랑이라는 단어를 떠올리면 쓸쓸함부터 느껴지던 까닭도 여기에 있었던 것인지 모른다.

잘 생각했단다. 다들 하는 것을 유난 떤다는 투로 의사는 기어코 몇 마디 한다. 사랑니를 뽑고 나면 사람에 따라 일주일에서 길게는 한 달까지도 통증이 있을 수 있다는 말도 덧붙인다. 발치 시술은 겁먹었던 시간이 억울할 만큼 생각보다 짧고 간단했다. 그래도 '사랑'이라는 이름이 붙었는데 이리 간단해도 되나 싶을 정도로.

그런데 마취가 풀리면서 상황은 달라졌다. 내 살 같지 않은 이물감에 혀로 계속 더듬어 대던 그 자리가 욱신거리기 시작했다. 마치 혀 끝에 감금되어 있던 공허가, 기워진 피부를 가로질러 정수리에까지 치솟고 올라가는 듯 나중에는 머리까지 지끈거려 왔다. 그래도 멈출 줄 모르고 혀는 자꾸 그 언저리를 맴돈다.

아프다, 사랑이[齒] 빠진 자리가. 오늘에서야 내 사랑이 아프다.

낯선 그리움

자전거 타는 법은 한 번 배우고 나면 잊어버리지 않는 것이라 믿고 있었다. 또한 어린 날 동무들과 자전거를 탔던 기억이 있으니 내가 자전거를 탈 줄 안다는 사실 또한 믿어 의심치 않았다. 그날 그 일이 있기 전까진.

주말 저녁이었을 것이다. 저녁을 먹은 후 자전거와 배드민턴 채, 줄넘기 등을 챙겨 가족들과 가까운 공원으로 나갔다. 식사를 하면서 나는 자전거 여행에 관한 이야기 때문인지 그날은 다들 자전거에 관심을 보였다. 아이들 자전거를 조정해 타고 가는 남편을 보며 별 생각 없이 자전거에 올랐다. 한쪽 페달을 세게 밟고 이어 다른 한 쪽 페달을 밟아주면 처음엔 비틀거릴지 몰라도 곧 중심을 잡고 바람을 가르며 쌩쌩 달릴 수 있을 것이다. 자전거를 탄 지 굉장히 오래되었지만 이상하게도 그 감은 생생하게 기억이 났다.

그런데 생각지도 못했던 일이 일어났다. 두 번째 페달을 밟기도 전에 자전거 손잡이 위에 있던 손이 땅바닥을 짚고 있었기 때문이다. 그 한 번이 다가 아니었다. 결국 그날 손은 물론이고 무릎, 발목 할 것 없이 온통 까지고 멍들어 자전거 여행을 가장 먼저 입에 올린 나로서는 가족들 보기에 여간 민망한 일이 아니었다. 그 후로도 몇 번 비슷한 경험을 하고 나서는 낡은 어른 자전거를 제대로 걸터앉지도 못하고 타던 즐거운 한때의 기억이 실재

했던 것인지조차 의심스러워졌다. 슬슬 자전거 타기가 두려워지기까지 했다.

이런 마음과는 상관없이 자전거를 장만한 남편은 아예 천변 자전거도로까지 나와 손잡이를 쥐여 준다. 어떻게 어떻게 페달을 밟아 나가기는 해도 앞에 누군가가 있거나 하면 피해가거나 멈추지를 못해 넘어지기 일쑤다. 넘어진 김에 자전거를 한쪽에 세워두고 둑가에 앉아 아래 천변으로 눈길을 돌렸다. 그런데 제일 먼저 눈에 띄는 것이 하필 아이에게 자전거 타는 법을 가르쳐 주고 있는 아버지의 모습이었다. 어디선가 읽은 듯도 하다. 시한부 삶을 살고 있는 아버지의, 떠나기 전 꼭 하고 싶은 일 중 하나가 아이에게 자전거를 가르쳐주는 것이었다. 한번 익히고 나면 잊어버리지 않는 것이니, 훗날 아버지는 곁에 없더라도 뒤에서 자전거를 잡아주던 기억은 남아 페달을 밟을 때마다, 그리고 간혹 세상에 부대껴 비틀거릴 때에라도 힘이 되어 줄지 모른다는 생각에서였다.

아버지와 자전거.

그러고 보니 저만치 서 있는 자전거, 오래 익숙해지지 않을 것 같은 자전거는 아버지를 많이 닮았다. 아버지 또한 내겐 익숙해지지 않는 낯섦으로 기억되기 때문이다. 어쩌다 아버지의 무릎에 앉게 되는 날이 있어도 마치 중심 못 잡고 비틀거리는 자전거에 올라 앉아 있는 양 얼른 내려가고 싶어 몸을 비틀어댔었다. 함께 지낸 시간이 많지 않아서만은 아니었다. 아버지에게서는 늘 황량함이 느껴졌다. 마치 사막에 홀로 서 있는 사람인 듯. 어쩌면 아버지에게는 세상이 사막이었는지도 모르겠다. 아버지의 그 황량함에 대해 이해는커녕 생각해볼 마음조차 가지지 못했던 어린 나이에 아버지는 사막 저 너머로 돌아오지 않을 길을 떠나셨다.

간신히 중심을 잡고 위태롭게 굴러가고 있는 자전거

위에서 가로막힌 앞을 비켜 나갈 자신은 생기지 않고 차라리 비켜달라고 소리라도 치고 싶었던 마음. 멈추는 법도 제대로 익히지 못해 비켜 가지도 서지도 못하고 부딪히기 전에 그저 스스로 넘어지는 도리밖엔 없어 보이는 막막함. 한 번도 아버지의 속내를 들은 적은 없지만, 모래바람이 일고 있을 것만 같았던 아버지의 마음이 혹여 이러하지는 않았을는지.

자전거 타는 법을 잊어버렸다. 아버지가 가르쳐 주지 않았기 때문이라고, 생전 써보지 않았던 떼를 뒤늦게 부려본다. 아버지가 잡아준 적 없는 자전거는 아이러니하게도 아버지를 떠올리게 한다. 그리움이라는 이름으로 아버지를 떠올리지 못하는 딸이 안쓰러웠던가. 아버지가 늘 낯설었던 만큼 그리움이라는 단어도 그 낯섦에 대한 기억 뒤로 미루어 놓았더랬다. 그런데 오늘은 이상하다. 그토록 낯설었던 아버지가, 아니 모든 것을 밀어내기만 하는 것 같았던 아버지의 낯섦까지도 먹먹한 그리움으로 다가온다. 참 익숙하지 않은 그리움이다. 약간은 당황스러운 마음에 이제 나 또한 그 즈음의 아버지 나이가 되었다는, 얼토당토않은 이유를 대어본다.

벌써 한 바퀴를 돌았는지 멀리 남편의 모습이 보인다. 자리를 털고 일어나 자전거 손잡이에 손을 올려놓는다. 페달을 밟기도 전 한 발짝 미리 앞서가던 조바심은 온데간데 없고, 대신 낯선 그리움이 마음을 데운다. 아버지는 이렇게라도 딸의 마음에 있는 사막을 걷어주고 싶었던 것일까. 참으로 먼 길을 돌아 아버지를 만났다.

쌈닭과 들콩

언젠가 아이들과 생태학습을 간 적이 있었다. 아주 미미한 곤충에서부터 길가에 허투루 피어 있는 듯한 풀 한 포기까지도 자신의 생과 종족의 유지를 위해 기울이는 노력은 숭고함마저 느끼게 하였다. 그때 길을 인도하던 해설사가 혼자 조용하게 산책하다 보면 가끔 들콩 터지는 소리를 들을 때가 있다고 하였다. 여럿이 가거나, 혼자 가더라도 번잡한 생각에 사로잡혀 있을 때는 결코 들을 수 없는 소리라 하였다. 들콩 터지는 소리라. 들콩 터지는 소리를 여태 한 번도 들어보지 못했다. 나도 이젠 들콩 터지는 소리를 들어보고 싶다. 아니 내 스스로가 그대로 들콩이기를 바라본다.

어느 나라에 닭싸움을 매우 좋아하는 임금이 있었다. 임금은 그 나라에서 가장 힘이 좋다는 닭을 구하여, 가장 훌륭하다고 소문난 조련사로 하여금 훈련시키도록 하였다. 오랜 시간이 지나도 조련사에게서 아무런 소식이 없자 왕은 직접 조련사를 찾아 이제 닭을 출전시켜도 좋을지 물었다. 조련사는 대답했다.

"아직은 아닙니다. 넘치는 힘을 주체하지 못하여 이것저것 구분함 없이 마구 달려들고 있습니다."

학부는 이공계를 전공했다. 글 쓰는 것에 대한 막연한 동경은 있었지만 실질적으로 이렇게 문학을 공부하고 글을 쓰게 되리라고는 생각조차 하지 못했다. 이공계열의 과목들이 대체로 똑똑 부러지는 딱딱한 엿가락이라면 문학은 구부러지고 늘어지되 부러지지 않는, 약간은 녹아 물렁한 엿가락이라 할 수 있겠다. 하나의 대상에 대해 이렇다 할 수도 있고, 저렇다 할 수도 있는 문학의 다성성은 나를 혼란에 빠트리고 당황하게 만들면서도 그것이 또 한편으로는 매력으로 느껴지고 그 매력에 빠졌던 것도 사실이다.

그랬다, 그땐. 산만하게 흩어져 있는 것 같은 의미들 안에서 논리와 질서를 발견해 내었을 때, 그 희열에 고무되어 주변에 보이는 게 별로 없었다. 빈 수레가 요란하다는 옛말을 그리도 철저히 재현해 낼 수는 없었을 것이다. 이제 겨우 한 발을 내디딘 수준에서 나와 다른 의견들에 반론하고 비판하는 것에 주저함이 없었다. 그러한 나의 태도에 충고라도 할라치면 공과 사를 구분해야 한다고, 어디까지나 토론일 뿐이라고 입버릇처럼 말하곤 했다.

그러나 겸허함과 배려를 갖추지 못한 말은 아무리 옳고 좋은 의견이라 할지라도 상대에게 뾰족한 화살로 꽂힐 수 있는 것이다. 스스로가 얼마나 모르고 있는지를 알지 못했기에 부끄러움도 모르고 용감할 수 있었지 싶다. 말을 많이 할수록 가볍디가벼운 내 자신을 드러내는 꼴이었음을 그땐 눈치조차 채지 못했다.

> 돌아와서 기다리던 임금은 또 한참이 지나도 소식이 없자 다시 조련사를 찾았다. 이제 그 힘 좋은 닭을 출전시켜도 되지 않겠느냐고.
>
> "아직은 아닙니다. 혼자 훈련할 때엔 문제가 없지만 다른 닭들 사이에 있을 땐 흥분을 가라앉히지 못하고 있습니다. 어느 닭이 자극이라도 하게 되면 묶인 줄에 제 몸 상하는 줄도 모르고 날뛰어 댑니다." 조련사는 대답했다.

뒤늦게 시작한 공부지만 정작 공부보다 사람과의 관계

가 참 힘들었다. 말이 말을 만들고 오해가 또 다른 오해를 부르며 얽히고설켜 결국 그 실마리를 찾기도 힘든 상황에 처하게 되고 만다. 해명한다고 해명해보지만 그 해명은 또 다른 '말'이 되어 돌아다니다가 엉뚱한 말이 되어 다시 돌아오곤 했다. 결국 어디에서부터 시작되었는지 무엇이 진실인지 모르는 채 생채기만을 남기게 되는 경우가 허다했다. 진실이 밝혀진다 해도 이미 서로 만신창이가 된 마음이긴 마찬가지인 것이다.

임금이 서서히 닭과 조련사를 잊어갈 무렵 조련사가 임금을 찾았다.

"임금님 준비가 다 되었습니다. 이제 닭이 넘쳐나는 힘을 주체하지 못해 혼자 날뛰지도 않고, 다른 닭들이 아무리 자극해도 흥분하거나 동요함 없이 먼 곳을 응시하고 있을 뿐입니다."

몇 해 전 지인을 통해 들은 나의 별명은 '쌈닭'이었다. 그와 만나는 자리가 토론하는 모임이었으니 그 별명을 짓게 된 정황을 짐작하고도 남는다. 그래 쌈닭에 대한 이야기를 들었을 때 그냥 흘려지지 않았다. 그 이야기를 들었던 당시엔 기왕 쌈닭이라면 주변에 동요되지 않고 먼 곳을 응시하는 경지에 이르러야 한다고 생각했다. 그러나 그래 봐야 쌈닭이다. 다른 것이 있다면 자신을 잘 다스릴 줄 아는 노련한 쌈닭이라는 것일 뿐.

나는 다시, 경지에 오른 쌈닭이기보다 들콩이기를 바라본다. 애써 말하지 않고 드러내지 않는, 무르익어 터질 때라도 요란한 소리 내지 않는 들콩이고 싶다. 무엇보다 들어줄 줄 알고, 크고 작은 또 다른 들콩들과 어깨를 겯다가도 혼자 조용히 무르익을 줄도 아는, 그런 들콩 같은 사람이었으면 좋겠다.

사랑이 사라져요

며칠 집을 비워야 하기에 여러 가지 준비로 분주하다. 마지막으로 어른들께 드릴 명절 선물을 싣고 차에 올랐다. 아파트 단지 내에는 과일장수들, 오는 사람, 가는 사람들로 활기차 보인다. 갈 곳도, 기다릴 사람도 없는 이들에겐 이 활기참이 오히려 쓸쓸하게 느껴질 수도 있겠다 싶다.

스물 중반쯤 되었을까 생머리에 짧은 청치마를 입은

아가씨가 경쾌한 발걸음으로 지나간다. 또각또각 구두 소리가 들리는 것 같다. 연인을 만나러 가는 것일까. 그녀에게선 며칠 이어질 휴일에 대한 설렘과 기대가 느껴진다. 괜히 뒷자리에 실은 짐들이 더 무거워 보인다. 문득 나는 저맘때 어떻게 살았나 하는 생각이 들어 빠르게 기억을 되짚어 본다. 짧은 머리, 청바지에 뭉툭한 구두를 신고 바쁘게 돌아다니는 어설픈 아가씨가 보인다.

흔들리는 차 안에서 아이들은 끊임없이 장난질하고 있다. 아이들의 장난에 끼어들었다가 입맞춤하기를 좋아하는 아들 녀석과 뽀뽀를 했다. 아들이 손등으로 입을 닦는다. 평소에 늘 하던 장난이다. 뽀뽀를 하고 아들이 입을 닦으면 나는 입을 닦았으니 다시 해야 한다며 아들을 끌어당겨 두 배로 하곤 했다. 이렇게 몇 번 하고 나면 때론 수십 번 뽀뽀를 하게 될 때도 있다. 오늘도 어김없이 실랑이한다. 그러다가 갑자기 아들이 정색을 하고 묻는다.

"엄마, 뽀뽀를 하고 입을 닦으면 사랑이 사라져요?"

갑작스러운 물음에 당황하기도 하였고 대답을 하려니 한꺼번에 많은 생각들이 몰려와 아무 말도 할 수 없었다.

입을 맞춘다는 것은 분명 사랑한다는 표현이다. 그러나 그 사랑은 입을 맞추기 전부터 이미 있었으며 입을 맞추지 않는다고, 또 입을 맞추고 닦는다고 사라지는 것은 아니다. 어린아이도 의아해 하는 사실을 나는 이 나이가 되도록 궁금해 하지도 이상하게 여겨보지도 않았다. 뽀뽀하고 입을 닦았으니 무효라고, 다시 해야 한다는 놀이를 삶에서도 지금껏 놀이 아니게 하고 있었지 않나 싶다.

짧은 머리에 뭉툭한 구두를 신은 어설픈 아가씨가 길에서 사랑을 끝내버린다. 기억도 나지 않는 아주 사소한 일로 시작된 다툼이었으나 시험 끝나고 이야기하자는 말에 그 자리에서 끝내버린다. 지금, 둘 사이의 이야기보다 더 중요한 것이 어디 있느냐며.

인연이 아니었겠지 하며 탓을 돌려보지만 표현되는 것만을 보기에 급급했던 모자람이 보인다. 표현되지 않은 것에 대해선 생각해 볼 여유도 없고 또 때론 표현된 것을 자신의 감정대로만 받아들여 그 안에 담겨진 진실을 외면하는 일도 서슴지 않았다. 연인이며, 친구며 그렇게 보내버린 인연이 얼마인가. 표현되는 것보다 말해지지 않는 것, 보이지 않는 것이 오히려 둘의 관계를 이어주는 끈이 된다는 것을 그때는 알지 못했을까.

머릿속의 복잡한 생각들을 비집고 차창 너머로 나무가 한 그루 들어온다. 멀리 꼬리를 감추는 기차가 들어오고, 오래된 이발소 간판이 들어온다. 저들이 말한다. 때론 무심히 두어보라고, 시간이 흘러가는 대로 가만히 두어보면 있는 그대로 보일 때가 있다며 그것이 말로 표현되는 것보다 진실에 가깝다고 한다. 멀어지는 풍경을 눈으로 끝까지 쫓아 보지만 소용없다. 저들은 또 나지막이 속삭인다. 지나간 것은 지나간 대로 두라고, 삶은 누구에게나 서툰 것이라며 나를 다독인다.

아들은 물어본 사실조차 잊고 열심히 장난을 치고 있다. 입맞춤을 하고 입을 닦는다고 사랑이 사라지는 것은 아니라고 지금이라도 대답해주어야 하나.

발칙한 수업

벌써 종강이라니 시간은 참 빠르다. 종강이라 생각해서 그런지 학교 가는 길, 교문, 강의실, 학생들, 모든 것이 한층 더 의미 깊게 다가온다. 사실 매주 반복되는 일상이라 여겨지면 의미라는 것은 그 일상성 속에 매몰되어 드러나기 어려운 법이다. 의미 깊게 다가온다는 것은 달리 말하면 똑같은 대상, 상황이라도 예전과는 달리 낯설게 마주친다는 것이다. 그런데 오늘뿐 아니라 한 학기 내내 마주할 때마다 그냥 스쳐 지나가지지 않았던 게 있었는데 그것은 바로 학교 앞 도로의 신호등이다. 오전에 학교로 향할 때 이 도로의 신호등은 정상적으로 작동된다. 그런데 일정 시간이 되면 신호등은 점멸등으로 바뀐다.

이 도로의 신호등을 지나칠 때마다 '양심 냉장고'라는 단어와 함께 오래전의 한 방송프로그램이 떠오른다. 이 프로그램의 명칭이 아마 〈숨은 양심을 찾아서〉였던 것 같다. 내용은 인적 없는 새벽 도로에서 교통신호를 제대로 지키는 사람, 즉 건너는 사람이 없어도 초록불이 켜질 때까지 기다렸다가 출발하는 운전자에게 냉장고를 선물로 주는 것이었다. 보는 사람이 없어도 스스로 법규를 지키는 '숨은 양심'에게 상을 주겠다는 취지였던 것이다.

이 프로그램은 꽤 인기가 높았던 것으로 기억하는데 특히 지적 장애인 부부가 냉장고를 받은 첫 회가 매우 감동적이었다. 빨간 신호, 지나갈 사람이 없는 횡단보도

정지선 앞에서 드문드문 등장하는 차들은 모두 멈칫 했다가 그냥 지나가고 말았지만, 지친 제작진이 철수하려던 찰나에 극적으로 이들 부부가 초록불이 켜질 때까지 기다리고 있었던 것이다. 신호를 왜 지켰냐는 질문에 장애인 운전자는 "저는 늘 지켜요."라고 느릿느릿 힘겹게 대답했던 듯하다.

한 학기 강의를 마무리하는 시점에서, 학교 오가는 길에 마주쳤던 신호등 그리고 이와 연결된 '숨은 양심'을 찾는 프로그램 이야기를 학생들과 나누어 보았다. 자신들이 이 상황에 있었다면 그냥 지나갔을 것 같다고 대답하는 학생이 대부분이었고 초록불로 바뀔 때까지 기다렸을 거라고 대답한 학생들도 몇 있었다. 질문을 바꾸어 보았다. 이처럼 인적 없는 도로에서도 교통신호를 지켜야 하는지, 아니면 굳이 지키지 않아도 되는지. 대부분의 학생들은 '지켜야 한다'에 손을 들었고, 지키지 않아도 된다는 학생은 몇 안 되었다. 이는 다시 말하면 대부분의 학생들이 지켜야 한다고 생각하고 있지만 지키지는 않는다는 뜻이 된다.

고등학교를 갓 졸업하고 들어온 일 학년생들과의 수업에서는 그 나름대로의 비슷한 분위기를 느낄 수 있다. 그것은 '학습'된 것이 학생들 개인만의 사유와 판단에 앞선다는 것이다. 이미 가치판단이 내려진 것들에 대해 학생들은 부지런히 습득할 뿐 의심하려 들지 않는다. 위의 상황에서도 그렇다. 법규는 지켜져야 한다. 그래야 사회의 질서가 유지된다. 지나가는 사람이 아무도 없어도 '정지'하라는 빨간 불 앞에서 허락이 떨어질 때까지 기다리고 있어야 한다. 이를 지킨 사람은 '양심'있는 사람으로 칭찬받고 상품으로 냉장고도 받지만 그렇지 않은 사람은 비양심적인 사람이고 더 나아가 범법자인 것이다.

실제로 당시 이 방송의 첫 회가 나간 후 〈누가 장애인

인가〉라는 글이 신문에 실렸었다. 진짜 장애인은 신호를 지킨 지적 장애인 부부가 아니라 신호가 바뀌기 전에 출발한 다른 모든 차량의 운전자들이라는 의미이리라. 이 프로그램은 꽤 인기가 있었고 그만큼 우리는 오랫동안 이러한 '숨은 양심'들에 감동하고 비양심적인 '진짜 장애인'들에 손가락질할 수 있었다. 그러나 돌아볼 일이다. 어쩌면 본질적인 문제는 '진짜 장애인'들이 아니라, 대부분의 사람들을 '진짜 장애인'으로 만드는 현실, 즉 획일적인 신호체계에 있었던 것은 아닌지.

한 학생이 예전 도덕 시간에 이 프로그램을 자료로 법과 규칙을 잘 지켜야 한다는 수업을 받았던 적이 있었다고 한다. 학생의 말에는 같은 자료로 반대 내용의 수업을 하고 있다는 의미가 함축되어 있는 듯했다. 법과 규칙을 지키지 않아도 된다는 의미가 아니다. 학습된 대로 너무나 당연하게 생각해 왔던 문제들에 대해 의심해보고 사유하여 스스로 판단해보자는 것이다. 그러할 때만이 '지켜야 한다고 생각하지만 지키지 않는' 상황이 아니라, 자신의 생각과 일치하는 실천이 따르게 되는 것이다.

다시 황색 점멸등 앞에 섰다. 사실 갈지 말지를 결정해주는 삼색 신호등이 고민하지 않아도 되기 때문에 마음은 더 편하다. 점멸등은 그 깜빡임만으로도 충분히 긴장감을 주지만 지나가는 사람은 없는지 어디서 나오는 차는 없는지 훨씬 더 많은 주의를 기울여야 하기 때문이다. 지금까지 우리 학생들은 삼색 신호등 앞에서 지켰느니 안 지켰느니를 따지고 있었던 셈이다. 자주 점멸등 앞에서서 주위를 살피고 판단하여 그에 따라 움직여 볼 수 있기를 바라본다.

식탁에서의 단상

특별한 식탁

내겐 특별한 식탁이 있다. 주방 가스레인지와 싱크대 사이 좁은 공간이다. 혼자 밥 먹을 땐 특별한 경우가 아니면 거의 이 공간에서 먹는다. 반찬은 한 접시에 조금씩 담아 먹기 때문에 밥공기, 접시 하나, 수저만 놓이는 소박한 밥상이다. 위치가 위치이다 보니 밥은 서서 먹게 된다. 가끔 남편이 이 모습을 보면 궁상맞다고 싫은 소리를 한다.

이런 식사를 하게 된 건 둘째를 낳고부터이다. 십사 개월 차이 나는 연년생을 키우면서 궁여지책으로 마련한 식사 방법이었는데 아이들이 다 크고 난 지금도 즐겨 하고 있는 것이다. 한동안 여러 매체를 통해 혼자 식사를 할 때에도 식탁은 손님상처럼 차리라는 말을 여러 번 보고 들은 기억이 있다. 아마도 주부들에게 자존감을 가지고 자신을 위해서도 노력을 기울이라는 메시지였을 것이다. 그 후로도 나의 식탁은 바뀌지 않았다.

이렇게 오랫동안 이 식탁을 고수해 온 것에는 물론 나의 게으름도 한몫했겠지만 꼭 그 이유만은 아니다. 어쩌다 혼자 식탁에 앉아 밥을 먹다 보면 그야말로 食事, '먹는 일'을 하는 것, 끼니를 때우는 것 같은 느낌이 든다. 한 번에 두 가지 일하는 것을 어려워하기에 밥 먹으면서 책이나 신문은 보지 않는다. 그러다 보니 생각 없이 밥을 먹다 보면 평소에도 식사를 빨리 하는 편인데 그 속도가 더 빨라지게 된다. 그러다 체하기까지 하는 날에는 그런 낭패가 없다. '먹는 일' 하나도 제대로 못하는 것 같아 부아가 나는 것이다.

서서 먹는 식탁에서는 다르다. 눈앞에 펼쳐지는 전경이 근사하지는 않지만 창을 통해 삶을 본다. 마치 혼자만의 작은 스크린을 통해 영화를 관람하는 것 같다. 개구쟁이 아이들, 유모차를 끌고 가는 아기 엄마, 고개를 떨어뜨리고 걸어가는 아가씨 등 등장인물들에게 눈길을 보낸다. 들리지 않는 그들의 이야기에 귀를 기울이고 보이지 않는 그들의 표정에 마음을 모아보면 그들은 어느새 나의 이야기를 하고 있다. 아주 사소한 감정에서부터 때론 아련한 과거의 기억까지 들추어낸다. 점점 영화에 빠져들게 된다. 때론 스크린 안의 날씨에 마음을 빼앗길 때도 있다. 비가 내리기 직전의 어둡은 내 마음을 오랫동안 잡아둔다.

식사를 마쳤는데도 영화가 끝나지 않았을 땐 내친김에 그 자리에 서서 커피까지 한잔한다. 자막이 다 올라갈 때까지 기다리는 것이다. 영화가 끝나고 자막이 다 올라가기 전에 불이 켜지는, 그래서 사람들이 자막을 뒤로하고 우르르 나가버리는 영화관이 아닌, 나만의 영화관이라는 생각에 짜릿함을 느끼는 순간이다. 라디오에선 자주 분위기에 맞는 엔딩 음악을 보내준다. 이보다 특별한 식탁이 어디 있겠는가.

나는 곁에 놓아둔 수첩과 펜을 든다.

위험한 질서

점심 메뉴는 계란프라이에 김치다. 보기에는 단출하다 못해 초라해 보이는 식단이지만 계란프라이를 먹을 땐 김치하고만 먹는 편이다. 오히려 다른 반찬들이 섞이면 김치와 계란프라이와의 절묘한 맛의 배합이 떨어지는 것 같아서다. 사실 계란 프라이는 반찬이 많을 땐 식탁에 잘 오르지 않는 메뉴다. 어찌 보면 섞일 반찬이 없는 것에 대한 변명을 일찍부터 마련해 놓고 있는 것인지도 모르겠다.

출퇴근 시간이 아닌데도 드나드는 차들이 많다. 익숙한 창밖 풍경인데 눈길이 간다. 그러고 보면 아파트 안, 도로가 교차하는 곳이나 아파트 입구에는 차들이 여러 방향에서 드나들어 위험해 보인다. 신호체계라도 갖추고 있으면 낫지 않을까 하는 생각을 하다가 이내 고개를 흔든다. 지난여름 중국에서의 경험이 떠올라서다.

작년 여름 가족과 여러 지인들과 백두산에 다녀왔다. '집안'에 숙소를 두고 계속 버스로 움직였다. 한 번 버스를 타면 오래 이동했기 때문에 처음엔 버스에 타기만 하면 잠을 잤다. 그런데 잠도 사람마다 주어진 양이 있는지 시간이 지날수록 눈을 뜨고 있는 시간이 많아졌다. 그렇지만 얼마 지나지 않아 다시 눈을 감고 싶어졌다. 우리 일행이 타고 있는 버스가 너무 위험하게 느껴졌기 때문이다. 속 편하게 자고 있는 일행이 부러울 지경이었다. 손잡이를 꽉 잡았는데도 아랫배에 힘이 들어갔다. 그런데 그 불안함마저도 익숙해지는지 시간이 지나면서 손잡이를 놓고 바깥 풍경을 보게 되었다.

이상한 일이었다. 신호등 하나 없는 일차선 도로에서 차와 차는 절묘하게 비켜가고 도로 위를 걷고 있는 사람들은 위험천만해 보이는데도 뒤 한 번 돌아보는 법 없이 태연하게 길을 가고 있었다. 우리나라에서라면 경적을 울려도 몇십 번 울렸을 법한데 버스는 그저 사람을 피해 앞질러 갈 뿐이었다. 식사 장소에서 나오면서는 입을 다물지 못했다. 버스가 후진으로 도로를 점령하는 것은 물론이고 짧은 거리였지만 역주행으로 제 차선을 찾아가는 것이다. 한바탕 큰 소리라도 있겠거니 내심 조마조마했는데 주변에 있던 택시며 승용차며 모두 조용했다. 피해갈 수 있는 차들은 피해가고 그럴 수 없는 위치에 있던 차들은 기다리고 있었다. 정말 이해할 수 없는 상황이었다.

재래시장을 이용하면서도 비슷한 경험을 하였다. 평소 길 건너는 것에 두려움을 갖고 있던 나는 횡단보도가 없어 난감했다. 대충 옆의 일행을 따라 뛰어서 길을 건넜다. 이 모습을 본 가이드는 뛰지 않아도 된다고 하며 웃었다. 뛰면 오히려 갑자기 달려드는 상황이 되어 위험하다고, 걸어가면 차들이 알아서 피해 간다는 것이다. 그러나 가이드의 말에도 불구하고 오랜 경험으로 몸에 밴 불안함은 가시지 않았다. 그 불안함은 차에 대한, 아니 운전자에 대한 불신에서 온 것일 것이다.

문득 인간이 편리하고자 혹은 필요에 의해 만들어 놓

은 여러 가지 법칙과 규칙들이 오히려 인간의 발목을 잡고 있는 것은 아닌가 하는 생각이 들었다. 교통 문제만 해도 그렇다. 교통법칙과 신호체계는 처음 생겼을 때보다 필요에 의해 조금씩 항목이 더해지고 복잡해졌을 것이다. 그러나 어느 순간 사람은 빠지고 이 신호와 법칙만이 남은 꼴이 된 것 같다. 실제로 신호가 바뀌기 전에 지나가려고 속력을 내는 차와 보행 신호가 떨어지자마자 길을 건너는 사람이 부딪혀 사고가 나는 경우가 많다. 오죽하면 한때 신호가 바뀌어도 한 사람이 걸어간 후에 따라가야 안전하다는 소리가 있었을까. 사고가 나면 또 어떠한가? 신호, 법칙을 운운하며 서로의 잘잘못을 따지기 바쁘다. 오히려 기계적 신호가 없다면 운전하는 사람의 마음은 길을 건너는 사람으로 향하지 않았을까 하는 엉뚱한 생각을 해본다. 길을 건널지도 모르는 사람 때문에 속력을 내기는 힘들 것이라는 생각에서다. 어찌 보면 그

복잡한 교통 법규와 신호는 '사람이 다치지 않게 조심하기' 이 한마디로 모아지는 것이 아니겠는가. 살아갈수록 더 세분화된 규칙과 법칙들이 많아질 것 같은 생각에 가슴이 답답해 온다.

역시 계란프라이에는 김치가 궁합이 잘 맞는다. 둘이 맛의 조화를 이루는 데에 다른 반찬은 오히려 방해가 된다는 혼자만의 생각을 굳히기로 했다. 단출한 식단이 오히려 흡족해지는 오후, 수첩을 덮는다.

너머 가기

4일째다. 하기 싫거나 힘든 일도 5일만 연속으로 하면 습관이 된다는 말에 다음날 당장 시작한 것이 등산이다. 열심히는 아니어도 끊이지 않게 해오던 운동이 등산과 수영이었는데 밤을 새다시피 하는 날이 잦아지면서 차츰 운동과 담을 쌓게 되었다. 머리에서는 그럴수록 운동은 해야 한다는 말을 확성기에 대고 반복하는 듯했지만 마음은 이런저런 핑계로 움직이려 하지 않는 몸의 편에 확실하게 서주고 있었다. 길지도 않았다. 딱 한 학기 만에 예상 가능했던 안 좋은 결과들이 드러나기 시작했다. 또 힘이 너무 들어간 것이다.

그때를 생각하면 지금도 뭐라 설명할 수 없는 기이한 기분을 떨칠 수가 없다. 벌써 육여 년이 지난 일이다. 그 기억은 벽 앞에서 시작된다. 앞에 놓여 있는 벽에 몹시 당황스러웠지만 어떤 일이 일어났는지 정확하게 인식하지 못한 채였다. 차에서는 연기가 나고 주변 사람들은 손짓까지 하며 격한 반응을 보였다. 그때서야 무언가 크게 잘못되었다는 생각에 머리가 차가워지는 것을 느끼며 차에서 내렸다. 차가 그길로 폐차되었으니 결코 가벼운 사고는 아니었던 셈이다.

졸음운전으로 삼거리에서 좌회전해야 할 것을 그대로 벽에 들이받았던 사고였다. 정말 순간적인 일로 느껴지는 데다가 졸았던 기억이 없으니 되짚어 떠올려보아도 기이하게만 여겨지는 것이다. 천만다행이었던 것은 다른 차량이나 보행자와 접촉이 없었다는 점이고 또 하나, 차량 파손에 비해 부상이 거의 없었다는 점이다. 의사 말로는 잠이 든 상태라 몸에 힘이 들어가 있지 않아서 크게 다치지 않은 것이라 했다.

인간은 외부의 힘을 인식했을 때 자신을 보호하기 위해 본능적으로 힘을 주고 웅크리게 된다. 몸에 힘이 들어가 있다는 것은 몸이 딱딱하게 경직되어 있다는 의미이고 여기에 또 다른 힘이 가해진다면 힘과 힘이 부딪쳐 양쪽이 다 큰 충격을 받게 된다. 아이러니한 것은 방어를 하고자 온몸에서 끌어내었던 힘이 결국 스스로를 다치게 만드는 힘이기도 하다는 점이다.

어찌 보면 사람이 살아간다는 것은 매순간 어떠한 힘과의 마주침을 경험하는 것이라 할 수도 있을 것이다. '어떠한 힘'이란 자신이 처한 환경일 수도, 타인일 수도 있고 혹은 다른 누군가가 아닌 자기 자신일 수도 있다. 그 ‘어떠한 힘’과의 경계에서 우리는 다양한 태도를 취한다. 경계 너머는 없다는 듯 최대한 몸을 작게 웅크리기도 하고 아니면 있는 힘껏 부딪치고는 나동그라지기도 한다. 이러한 경험 뒤에는 경계 앞에 다시 나서기가 두렵게 마련이다.

힘과 힘이 부딪칠 때 충격이 없을 수는 없다. 그렇다고 계속 웅크리고 있을 수도 없는 노릇이다. 경계 앞에 서지 않겠다는 것은 그 자리에 멈추어 있겠다는 것이고, 성장을 포기하겠다는 것과 같은 의미이기 때문이다. 경계 너머로 가고자 할 때 중요한 것은 힘을 빼는 것이다. 힘을 최대한 빼고 “온몸으로 밀고 나가는 것”*이다. 양방의 힘이 느슨하다면 수월하게 경계 너머로 들어설 수 있을 것이다. 그 반대의 경우라면 경계 너머는 그야말로 너머

* 김수영의 〈시여 침을 뱉어라〉에서

에 있는 다른 세계일 뿐이거나, 결국 경계 너머로 들어서게 된다 하더라도 서로 입은 충격은 상당할 것이다.

힘을 빼는 것이 쉽지 않았다. 아니 점점 힘을 주고 있었는지도 모르겠다. 그럴수록 남편도 아이들도 뜻하던 바와는 반대로 나아가기만 했다. 마음을 주었던 사람들에게서 되레 큰 상처를 입었다. 벗어나고픈 기억들은 더욱 끈질기게, 더욱 부풀어서 들러붙는 것만 같았다. 뒤늦게 시작한 공부는 높은 산이 되어 앞을 가로막고 있었고 나는 주변을 돌아볼 새 없이 바닥만 쳐다보며 이를 악물고 한발 한발 내디뎠다. 그날도 거의 삼 일을 꼬박 새다시피 해서 작성한 연구계획서를 제출하고 돌아가는 길에 그렇게 사고가 난 것이다.

힘을 빼는 것이 여전히 쉽지 않다. 그렇지만 지금은 체념일지 이완일지 그 어느 즈음에서 경계 너머로 성큼 들어섰을 때의 감각에 대한 기억이 있다. 놓는다는 것이 결코 잃는다는 것, 포기한다는 것과 동의어가 아님 또한 안다. 미간을 찌푸리며 안간힘을 쓰고 있었다는 것은 힘이 빠지고 난 후에야 비로소 알게 되는 것들이다. 의식에 머물 틈도 주지 않고 찰나와 같이 지나갔던 그날의 졸음처럼 짧지만 강렬했던 자유로움에 대한 감각을 자주 떠올리고자 한다.

4일째다. 갈까 말까 고민하는 시간이 훨씬 줄었다. 습관이라 하면 의식하기 전에 몸이 먼저 움직이는 경지를 이르는 것일 터인데 지금 상태를 보면 5일로 그것이 가능할까 의심스럽기도 하다. 하지만 상관없다. 나는 지금 힘을 빼고 있는 중이다. 습관이 되기에는 짧은 시간일지 몰라도 그동안 다시 힘이 들어가고 있었다는 것을 깨닫기에는 충분한 시간이었지 싶다.

숨이 턱까지 차오르는 듯하여 잠시 걸음을 멈추고 천천히 심호흡을 한다. 멀리 두었던 시선을 거두고 허리를 숙여 신발끈을 고쳐 매려는데 흙바닥에 싹을 틔운 지 얼마 되지 않은 것 같은 작고 여린 풀이 눈에 들어왔다. 사람들의 발길이 잦은 곳인데 왜 하필이면……. 밟히지나 않을까 안쓰러워하는 시선에 연초록의 작은 생명은 힘주지 않고 의연하게, 온몸으로 밀고 나오는 어느 한순간을 선물하고 있다.

4부

이젠 그리움이라 부를 수 있을까

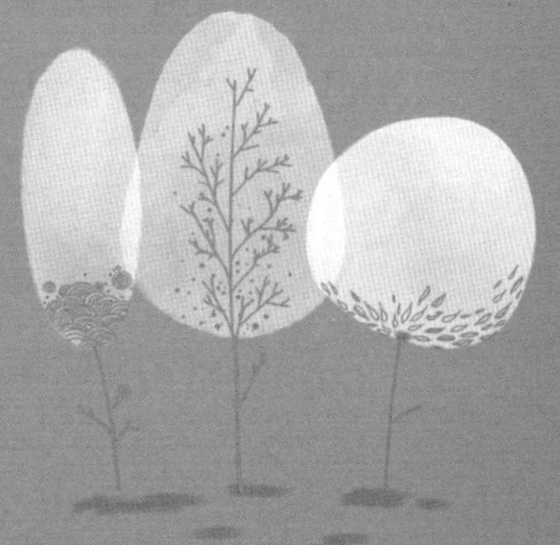

그냥

수화기를 내려놓는다. 마치 불이 꺼지고 셔터가 내려지는 상점을 보고 서 있는 듯 쓸쓸하다. 좀 더 따듯하게 받을 걸 그랬다. 마음속에 있던 열 마디 말이 성대를 통과하면서 반토막짜리 말로 걸러지는 느낌이다. 왜 이렇게 퉁명스러워지는지.

설거지하며 후회한다. 빨래를 널다 말고 청소기를 돌린다. 책상을 정리하다가 화장실 거울을 닦는다. 순서도 없이 이것저것 닥치는 대로 몸을 움직인다. 그러다 문득, 매일 청소를 하듯 후회도 늘 반복되어 왔다는 것을 깨닫고는 가슴이 먹먹해진다.

남편이 들어오자마자 씻고 컴퓨터 앞에 앉는다. 특별한 일이 없으면 어김이 없다. 진지한 남편의 표정과 어울리지 않게 컴퓨터에서는 경박한 소리가 들린다. '짝, 짝, 짝' 화투장 맞추는 소리이다. 반복되는 기계 소리에 사람 소리를 보태어 본다.

"그게 그렇게 재미있어?"

"꼭 그런 건 아니고 그냥 하는 거야, 그냥."

시원한 대답을 기대한 것은 아니지만 듣고 보니 대답 참 시원찮다. 왜 그냥 몇 시간씩 앉아서 시간을 허비하는지 이해가 안 된다. 흔히 말이 마음을 담지 못할 때 '그냥'이라는 말로 대신한다는데 남편이 말에 담지 못한 마음은 무엇인지 궁금해진다. 무엇이 이리도 남편을 잡아두는지 그의 어깨너머로 유심히 바라본다.

엄마는 아버지와 빚쟁이들을 피해 맨몸으로 서울에 와서 갖은 고생을 다 하셨단다. 비교적 뚜렷하고 상세하게 기억나는 부분은 부모님이 어느 정도 자리가 잡혀 종로의 지하상가에서 옷가게 할 때부터이다. 업종의 특성상 그러하였는지 어린 기억에도 아버지보다 엄마가 주로 장사에 앞장섰고, 아버지는 새벽물건 할 때를 제외하고는 엄마보다 조금 더 여유로웠던 것 같다. 낮 시간에는 다른 가게에서 비슷한 연배의 아저씨들과 자주 고스톱을 쳤고 때론 장소를 옮겨 날이 샐 때까지도 쳤던 모양이다. 휴대폰은커녕 집전화도 없었던 때였으니 연락이 올리는 만무하고 엄마는 마음을 졸이며 기다리다가 통금 사이렌이 들리면 가슴이 덜컥 내려앉았다고 한다. 그러면 엄마는 피곤한 몸으로도 쉽게 잠을 이루지 못하고 빨래다 뭐다 집안일을 하다가 통금이 풀리면 어린 나를 업었다 걸렸다 하며 아버지를 찾아 나섰단다.

그러던 아버지는, 엄마가 지금의 내 나이보다 젊었을 때 돌아가시고, 엄마는 새 가정을 꾸리신 지 오래다. 그 길을 돌아보면 길고 까마득한 터널 같다. 이젠 더 이상 딸을 앞세워 걸어야 할 길이 없는데 엄마가 가는 길은 아직도 캄캄한 새벽길인 것 같다.

갑자기 두 다리가 뻐근해 오는 것 같아 소파로 걸음을 옮긴다. 남편은 여전히 홀로 치는 고스톱에 온 신경을 곤두세우고 있다. 그 모습에 어지간히도 불만이 많았는데 지금만큼은 통금도 없고, 아이를 앞세워 남편을 찾아 나서지 않아도 된다는 것에 적이 감사한 마음이 드는 순간이다.

"이제 그만하고 이리 좀 와줘."

대답은 없었지만 오래지 않아 남편이 옆에 앉았다.

"왜."

무던한 사람이 왜냐고 묻는 걸 보니 이렇게 앉아 있는 시간이 길었던가 보다.

"그냥……."

내 대답은 말이 마음을 담지 못할 때 하는 말, '그냥'이다. 엄마의 전화를 받은 후부터 오늘 하루 동안의 복잡한 심정을 말로 풀어낼 자신이 없다.

사는 일이 때로 겹겹이 서있는 아파트를 보는 것마냥 갑갑하게 느껴질 때, 먹어도 먹어도 채워지지 않는 허기를 안고 사는 양 수시로 가슴이 헛헛해질 때 한숨에 보태어 '엄마.' 하고 불러본다. 그러나 혼잣말뿐이다. 어쩌면 사는 모습이 홀로 치는 고스톱을 닮아 있는지도 모르겠다. 혼자만의 세계에서 고민하고 아파하다가 '게임 종료'를 누르고 나오듯 또 그렇게 혼자 정리하고 만다. 그러나 그 사이 등 뒤에서 누군가 바라보며 기다리고 서 있었는지 모르는 일이다. 딸을 앞세우고 걸었던 그 길에서보다 더 쓸쓸한 심정으로 기다리고 있었는지 모르는 일이다.

수화기를 들어 허전한 마음만큼이나 손가락에 힘을 주어 번호를 누르고 싶다. 무슨 일이냐며 반가워한다면 아마도 '그냥…….' 이라는 말밖엔 할 수 없으리라. 아직은 말에 담을 수 없는 마음을 그저 '그냥'이라는 말에 얹어놓게 될 것 같다. 그러나 '그냥'이라는 한마디에서도 그 담지 못한 마음까지 읽는 이가 당신, 어머니가 아닐는지.

단막극

눈이 많이 내린다. 어쩐지 쓸쓸한 기분이 든다. 이런 날 누군가 퇴근하는 나를 기다려 주었으면 좋겠다는 생각을 한다. 그러다 생각에 그치지 않고 문자 메시지를 보낸다. 생각만으로 바라는 일이 이루어지기란 참으로 어렵다는 것을 알기 때문이다. 퇴근하고 우리 가족은 눈 내리는 길에 함께 있었다. 따뜻한 기운이 느껴졌다.

식당에 들어갔다. 가끔 들러 간단하게 저녁을 먹던 설

렁탕집인데 오늘은 수육에 소주도 한잔하잔다. 날씨 때문인지 제법 사람이 많다. 구석에 자리를 잡고 음식이 나오길 기다리자니 자연히 다른 자리에 앉은 사람들에게 눈이 갔다.

저기 앉은 사람들은 모자지간인 것 같다. 아들은 대학생쯤 되어 보이는데 숟가락을 놓고 엄마를 보고 있다. 그에 반해 엄마는 뚝배기를 비스듬히 기울여 바닥의 국물까지 싹싹 먹고 있다. 그런 엄마의 모습을 보는 아들의 표정은 밝지 않다. 빨리 그 자리를 나가고 싶은 모양새다. 내 자리에서는 엄마의 뒷모습만 보이기 때문에 얼굴은 볼 수 없으나 피로에 쌓인 얼굴이지 싶다. 그러고 보니 아들은 화려하진 않지만 말끔하게 차려입었고 엄마는 옷차림마저도 피로해 보인다. 엄마는 뚝배기를 내려놓고 아들에게 무언가 묻는 듯하더니 아들의 뚝배기를 가져다 남은 국물을 다시 먹기 시작한다. 아들은 짜증스러운 듯이 고개를 돌린다.

몹시 시장한 걸까, 음식이 아까워서일까. 오래된 나뭇등걸 같은 엄마의 등이 허전해 보인다. 모든 것을 주고난 빈껍데기 같다. 그 빈껍데기 같은 뒷모습은 지금까지 엄마가 흘린 땀과 눈물을 보여주는 것 같다. 아들의 싸늘한 눈길이 엄마의 뒷모습을 더 딱딱하게 굳어 보이게 한다. 아낌없이 내어주었을 알맹이는 다 어디로 간 것일까.

옆에서 재잘대며 장난을 치고 있는 아이들을 돌아보며 생각한다. 부모의 무조건적인 희생이 자식에 대한 사랑의 최선은 아니다. 힘듦도 알게 해야 한다. 그래서 자신에게 주어지는 많은 것에 당연한 것은 없다는 것을, 그 모든 것에 감사해야 함을 알게 해야 한다. 그것이 자식들에게 행복하게 사는 법을 알려주는 길일 것이다. 감사하는 마음이 자리한 삶엔 불평이 끼어들 자리가 그만큼 적을 것이기 때문이다.

소주 한 잔이 들어간다. 술이 쓰다. 그때 한 무리의 사람들이 옷에 내린 눈을 다 털지 않은 채 들어와 우리 건너편에 나누어 앉는다. 일행이 아니었나 보다. 그들에게 묻어 온 차가운 눈내음이 상쾌하게 느껴진다. 따뜻한 온돌에 자리도 많이 떨어지지 않아서 이쪽저쪽 사람들 구경하는 재미가 쏠쏠하다.

두 쪽 다 남녀 한 쌍이다. 앞쪽에 앉은 커플은 분위기가 좀 이상하다. 여자는 치마 때문에 불편해서인지 거의 무릎 꿇은 자세로 앉아 고기를 먹기 좋게 발라 남자의 그릇에 놓아준다. 그런데 그 행동에는 애정이나 존경 같은 감정이 느껴지기보다는 강한 힘 앞에서의 복종 같은 느낌이랄까. 남자의 권위적인 모습 때문일 수도 있겠다. 남자는 종업원을 불러 김치와 깍두기가 정갈하게 담아 있지 않음을 거의 반말로 얘기했다. 마치 자신을 함부로 대했다는 듯이 한참 동안 큰 소리로 불평을 늘어놓았다.

주변 사람들도 한 번씩 시선을 던지지만 아랑곳없다. 어떤 사이일까.

다른 한 커플도 가늠하기가 어렵긴 매한가지다. 다른 점이 있다면 둘 사이에 애정이 넘친다는 것이다. 너무 다정해 보여서 부부로 여겨지지 않는달까. 들릴 듯 말 듯 이야기가 끊이질 않는다. 간간이 서로의 먹는 모습을 흐뭇하게 바라보거나 반찬을 상대방의 입에 넣어준다. 둘은 서로에게서 눈을 떼지 않는다.

남편과 술잔을 부딪치고 한잔한다. 술이 달다. 갑자기 우리는 다른 사람들 눈에 어떻게 비칠까 궁금해진다. 누가 보아도 가족이고 누가 보아도 부부로 여길 것 같다는 생각에 웃음이 나왔다. 남편에게 물어보았다. 저들은 어떤 사이로 보이는지. 남편은 별 관심 없다는 듯이 '글쎄'란다. 그 짧은 대답 속에는 쓸데없이 주변에 관심을 둔다는 책망도 들어있을 터였다. 말없고 무덤덤한 사람이다.

누군가 우리를 보아도 부부인지 불륜인지 헷갈렸으면 좋겠다고 했더니 웃는다. 얼마 전 단골 식당에서 별말 없이 음식을 먹던 우리 부부에게 맥주 한 병을 서비스로 주며 화해하라고 했던 주인아주머니의 오해 이야기는 덧붙이지 않았다. 웃어야 할지 울어야 할지 난감했던 그날의 상황을 함께 돌이켜보는 것은 다음으로 미루기로 했다.

밖으로 나섰다. 밖에서 보는 식당 안 풍경은 안에서 본 것과는 느낌이 또 다르다. 마치 단막극의 몇 장면을 보고 나온 느낌이다. 눈이 많이 내린다. 밝은 곳, 어두운 곳 가리지 않고 공평하게 내린다. 이 눈이 세상의 모든 부끄러움, 외로움, 아픔을 덮어주었으면 좋겠다. 그래서 오늘 하루쯤이라도 모두가 따뜻함을 가슴에 담고 집으로 돌아갈 수 있었으면 좋겠다.

블랙커피와 귤

진하게 탄 커피를 들고 식탁에 앉았다. 한 모금 머금은 커피를 급하게 삼켜버리고는 진저리를 쳤다. 입안에 남아있는 쓴맛만으로도 미간에 힘이 들어간다. 예쁜 잔에 담아놓은 사약 같다. 쓴맛을 따라가 보면 가슴에 검은 물이 고여 있는 것은 아닐까. 연락을 끊고 집에 있어 보기도 했고, 하룻밤 꼬박이 모자라 다음날까지 울어도 보았지만 속이 시원해지거나 가벼워지기는커녕 꼭 그만큼에 주먹만 한 돌덩이 하나씩을 더 얹어놓은 듯 무거워져만 간다. 성당모임이 있는 날이다. 모임원들이 돌아가며 자신의 집에서 여는 모임인데 오늘은 가고 싶지 않다. 몸을 둥글게 말아 무릎에 머리를 묻고 마냥 앉아있고만 싶다.

물만 주세요. 아니요 괜찮아요, 그냥 물이면 돼요. 마른 그녀는 녹차라도 드시라는 집주인의 권유를 한사코 거절한다. 까탈스럽다는 생각을 하며 유심히 그녀를 보았다. 움푹 들어간 눈은 진저리를 치게 했던 커피처럼 깊고 검다. 귤을 잘 못 먹어요. 주인이 권하는 귤을 그녀는 또 거절한다. 빵 한 조각을 들고 손으로 조금씩 떼어 입에 넣을 뿐이다. 조심스런 그녀의 손놀림에서도 빵부스러기는 떨어진다. 그녀 또한 손으로 쓸어내리면 부슬부슬 부스러기가 떨어져 내릴 것처럼 건조해 보였다.

아이가 죽었어요. 일찍 데리고 가려고 그랬는지 태어

날 때부터 그렇게 이쁠 수가 없었어요. 몇 번 실패한 후에 얻은 아이라 내겐 더 특별했지요. 그녀는 귤을 잘 못 먹어요, 라고 말하듯이 또박또박 분명한 어조로 이야기를 했지만 난 입안에 고인 침조차 삼키기가 조심스러웠다. 절망의 끝, 더 이상 내려갈 곳이 없는 바닥에 발을 딛고 있다는 것이 어떤 것인지 그녀를 통해 조금은 엿볼 수 있었다. 그녀는 사지가 뒤틀리고 마비 증세가 올 만큼 앓았고 오랫동안 정신을 놓고 살았다고 한다. 귤이 먹고 싶다고 졸라대는 아이에게 다음에 사주마고 미뤘던 일이 목구멍에서 내려가지 않는 덩어리로 남아 여태 귤을 잘 먹지 않는단다. 그래도 지금은 많이 나아진 거라 한다. 아이가 떠난 후 오 년여 간은 과일가게에 진열되어 있는 귤만 봐도 울렁거리고 어지러워 걸음을 떼기가 힘겨웠노라고, 그땐 그렇게 비쌌던 귤이 요즘엔 왜 이리도 흔하냐며 그녀는 메마른 웃음을 짓는 듯 마는 듯했다.

물을 끓인다. 주방 한쪽, 커다란 볼 안에 담긴 그 '흔한' 귤이 눈에 들어온다. 적당한 크기의 탱글탱글한 귤은 보기에도 싱그럽다. 내 육체 어딘가에서 새콤달콤한 맛을 기억했는지 입안 가득히 침이 고인다. 침을 삼키는데 무언가 울컥하며 좁은 목구멍을 힘겹게 통과하는 것이 느껴진다. 그것이 울음보였는지 삼키자마자 '헉' 하며 뱉은 숨과 함께 울음이 터졌다. 아이 곁으로 가고 싶어 좋은 일을 많이 하려고 애쓴다는 그녀의 말이 먹먹한 가슴을 찌른다. 얼마나 울었을까. 무서운 기세로 수증기를 뿜어내던 주전자에서는 더 이상 뿜어낼 것이 없다고 잔뜩 조바심 난 소리를 낸다. 주전자를 내려 다시 물을 부으니 주전자는 잠시 비명을 질러대다가 잠잠해진다. 다시 물을 끓인다.

숨쉬기가 편안해지면서 아침, 그 진창에서도 한 발자국 빠져 나온 느낌이다. 그동안 상처 준 이에 대한 원망,

제대로 대응하지 못한 것에 대한 분노와 억울함이 늪이 되어, 그 속에서 허우적거릴수록 가슴은 더 깊은 나락으로 빠져들고 차갑게 식어만 갔다. 그런데 이틀 동안 꼬박 울어도 데워지지 않던 냉랭한 가슴속의 벽이 다른 사람 때문에 울었던, 찻물이 다 끓어 없어질 동안만의 시간으로도 조금씩 녹아내리는 듯했다. 이상한 일이다. 반나절 동안 상황이 달라진 것도 해결할 방법을 찾은 것도 아니었지만 한 시간 동안에도 몇 번씩 울컥울컥 일어나던 분노가 잠잠해져 숨을 쉴 만하다.

그녀의 아픔에 비하면 나의 그것은 아무것도 아니라는 생각에 마음이 가라앉은 것도 사실이다. 그러나 그것만이 다는 아니다. 내 관심이, 마음이 자신에게만 고정되어 있을 때 상처를 치유할 방법은 찾기 힘들다는 것을 깨달았다. 대가를 바라지 않고 자신의 것을 내어주는 사람, 다른 이의 아픔을 내 것처럼 아파하는 사람, 필요로 하는 곳에 기꺼이 봉사하는 사람의 표정은 늘 여유롭고 따듯하다. 그들은 자신에게 여유가 있어서 나누는 것이 아니라 먼저 나눔으로써 여유가 생기는 것이리라. 마찬가지로 자신의 상처에만 골몰할 때 마음은 더 깊은 늪으로 빠져들게 되지만 다른 이의 아픔에 동참하게 되면 자신의 상처도 그렇게 자연스럽게 흘러가게 되는 것 같다

커피를 들고 식탁에 앉았다. 한 모금 머금고 있다가 천천히 삼켰다. 너무 진하지 않은 커피의 향이 오래 머문다.

생선 뒤집기

분주한 사람들 틈으로 천천히 돌아본다. 대형 할인 마트가 생기고부터는 부부가 함께 장보는 모습을 쉽게 볼 수 있다. 남편이 카트를 밀고 부인은 여유롭게 이것저것 고르는 모습이 익숙하다. 나이 지긋한 부부가 저녁거리를 의논하는지 두런두런 이야기를 나누며 장보는 모습이 보기에 좋다. 동네 공원에서도 손을 꼭 잡고 산책을 하는 노부부의 모습을 자주 보게 된다. 그럴 땐 저렇게 다정한 노부부의 젊은 날은 어떠했을지 궁금해지곤 한다.

둘러보다 생선에 눈길이 갔다. 생각해 보니 생선을 상에 올린 지도 한참 된 것 같아 망설이다 장바구니에 넣고 집으로 왔다. 사실 생선은 먹을 때도 가시를 잘 바르지 못해 애를 먹은 적이 여러 번이고, 요리를 할 때도 생각대로 되지 않아 장볼 때 선뜻 집어지지 않는 반찬거리이다. 생선조림은 그런대로 하겠지만 구이는 여전히 초보수준이다. 명절이나 제사 때, 혹은 손님이 오셨을 때 생선을 구우려면 긴장부터 된다. 생선을 모양대로 맛깔스럽게 구워 내야 하는데 상에 내어 놓는 생선은 늘 부서져 모양이 흐트러져 있기 때문이다. 여간 민망한 일이 아니다.

원인은 생선을 구울 때 너무 자주 뒤집는다는 것이다. 적당히 익어 살이 좀 단단해진 다음에 뒤집어야 하는데 혹여 눌러붙지는 않았는지, 다 익었는지 자꾸 뒤집어 보게 된다. 뒤집어 놓고 후회하는 일이 다반사지만 뒤집어

놓으면 다시 또 보이지 않는 뒷면이 궁금해지니 어쩔 수 가 없다.

생선 손질을 해놓고 시계를 보니 약속 시간이 다 되어 가고 있다. 집 근처에서 오래간만에 친구 부부를 만나기로 했다. 약속 장소엔 친구 부부가 벌써 와서 한잔씩 하고 있었다. 소주잔을 기울이며 이야기가 무르익어가고 있을 즈음 친구는 며칠 전 일이라며 목소리를 한 톤 높여 이야기를 시작하였다. 마치 여태 이야기를 꺼낼 기회만 엿보고 있었던 듯 힘이 많이 들어가 있다.

친구가 흥분하여 한 이야기는 이렇다. 며칠 전 친구가 몸이 안 좋아서 남편에게 일찍 들어오라고 했는데 남편은 식사 약속이 있다고 하면서 늦었고 연락도 잘 되지 않았다. 친구는 남편에게 자신이 안중에도 없는 듯이 느껴졌고 신혼 때와 비교하면 변해도 너무 변했다는 것이다. 이에 친구 남편은 피치 못할 약속이었으며 전화해도 달라질 상황은 없고 서로 기분만 더 상할 거 같아서 그랬다는 것이다.

나에게 시작한 친구의 푸념은 어느새 부부 사이의 다툼으로 번지고 있었다. 그야말로 친구 부부에게 앞에 앉아있는 나는 안중에도 없는 상황이 되었다. 끼어들 상황은 아닌 것 같고 애꿎은 소주만 홀짝이다 손질해 놓은 생선에 생각이 미쳤다. 남편 입맛에 맞게 무와 매운 고추 송송 썰어 넣은 얼큰한 조림을 할까, 아이들도 잘 먹을 수 있게 구이를 할까.

여태 옥신각신하는 친구 부부를 보니 부부관계는 프라이팬에서의 생선 뒤집기와 같다는 생각을 해본다. 얼마나 익었는지 자꾸 뒤집다 보면 결국 생선살이 부서지는 것처럼, 혹시 이럴까 저럴까 의심하며 자꾸 확인하려 들면 부부 사이의 사랑과 믿음은 조금씩 부서지는 것이 아닐까. 에로스가 프쉬케를 떠나며 '의심이 자리 잡은 마음에는 사랑이 깃들지 못한다'고 하지 않았던가?

부부에게 있어서의 순간순간은 한평생 어떤 가족으로 살아갈까를 결정하는 시간들이다. 결혼하기까지 신중한 결정과 많은 노력을 기울이는 것 못지않게 살아가는 순간순간에는 더 많은 노력을 기울여야 한다. 내 뜻대로 움직여주지 않는다고 해서 또 일일이 대꾸하기 귀찮다고 해서 그 순간을 의심으로, 무성의로 넘긴다면 그런 순간들이 모인 부부의 일생에는 신뢰와 사랑이 자리 잡을 수 없을 것이다.

갑자기 조용한 느낌에 혼자만의 상념에서 빠져나왔다. 열심히 듣고 있지 않은 나를 원망하는 듯한 표정들이다. 아니 무언가 동의를 구하는 표정인 듯도 싶다. 나는 우리도 나이 들어 다정하게 손잡고 산책해야 되지 않겠냐고, 너무 뒤집지들 말고 살자고 이야기한다. 무슨 엉뚱한 소리냐는 듯 쳐다보지만 나는 빙그레 웃고 만다.

내 오랜 구두

아무런 망설임 없이 늘 편하게 신던 구두를 꺼내 신는다. 약속 시간에 행여 늦을까 뒤축을 구겨 신은 채로 나서려 한다. 그런데 발이 움직이질 않는다. 아니 구두가 땅에 붙은 듯 꼼짝하질 않는다. 구두에서 발을 빼 보았다. 발은 자유롭다. 구두가 문제였다. 여러 번 시도했으나 구두는 꿈쩍도 안 한다. 시간은 자꾸 간다. 허둥대다 깨어났다.

이상한 마음이 들어 현관에 나가 보았다. 한때 유행이었던 앞이 뭉툭한 모양의 구두가 오늘따라 낯선 모습으로 한 귀퉁이에 자리하고 있다. 오전 일찍 검진 예약을 해 놓았기에 서두른다. 그러나 꿈속의 상황은 길게 내 의식 속에서 꿈틀거린다.

사실 내시경 검사를 예약한 것은 몸에 나타난 이상반응도 있었지만 그보다는 의사의 말 때문이었다. 우리나라처럼 내시경 검사료가 싼 곳도 없는데 지금 나이에 한 번도 검사를 해 본 적이 없다는 건 너무 자신에게 소홀한 것 아니냐는 말이었다. 다른 때 같았으면 상술이겠거니 하고 넘어갔을 테지만 요즘 내가 느끼고 있는 피로가 내 맘을 부추겼다.

철저히 혼자였다. 직장관계로 떨어져 있는 남편도 모르는 일이요, 그저 네가 참고 살라고 말하는 친정엄마도 모르는 일이다. 얼마 전 추석에 서운함을 토로하며, 들고

간 선물까지 내던지시던 시어머님은 더더욱 모르는 일이다. 혼자 무서운 시간을 견뎠다. 구렁이 같은 굵고 긴 호스를 내 목구멍으로 밀어 넣는 의사를 보며 그 이물감에 구역질을 했고 철저히 혼자임에 몸서리를 쳤다. 여기저기 불려 다니며 사진을 찍었다. 내 몸이 공장 레일 위의 물건 하나쯤 되는 것처럼 느껴졌다.

검진이 끝나고 돌아와서는 신발도 벗지 못한 채 현관 문턱에 털썩 주저앉았다. 오래된 구두가 다시 눈에 들어온다. 이 구두의 주인이 된 지 벌써 십 년이 훨씬 넘었다. 비싼 물건을 잘 사지 않는 내가 큰 맘 먹고 산 거였는데 값을 하는지 여태 내 발치에 가까이 있다. 앞이 뭉툭하고 코가 볼록 올라가 있어서 볼이 넓고 엄지발가락이 튀어나온 내 발엔 안성맞춤이었다.

처음 샀을 때는 앞코가 반지르르하여 동화책에 나오는 구두 같아 어디를 가든 태가 나고 눈에 띄었다. 오랜 시간이 지난 지금 이 구두는 이제 운동화도 되고 때론 슬리퍼도 된다. 집 앞에 나갈 땐 뒤축을 구긴 채로 찍찍 끌고 나간다. 산에 가거나 편하게 신고 가야 할 곳에도 끈을 꽉 조이고 신고 간다. 운동화보다도 더 편하게 느껴진다. 그러고 보니 늘 곁에 있던 거라 몰랐는데 많이 낡았다. 애초엔 각이 졌을 굽도 두루뭉술해졌다. 그나마 왼쪽 굽이 더 많이 닳아있다. 한 번도 본 적이 없는 내 걸음걸이를 보여준다. 자세히 보니 옆엔 실밥도 뜯어졌다. 구두끈도 풀어져 바닥에 늘어져 있다. 굽을 갈거나 수선을 한 적도 없다. 꽤 오래전부터 닦는 일도 그만두었다.

힘없이 한참을 그러고 앉아 있는데 끈을 늘이고 있는 낡은 구두가 내 꼴과 똑같다는 생각이 들었다. 뱃속까지 이어진 호스를 입에 물고 꺼억 대고 있던 내 모습이 떠올랐던 것이다.

어린 날 큰오빠의 일기장을 훔쳐 본 적이 있다.

"세상에서 가장 사랑하는 사람을 오늘 보냈다."

작은오빠 얘기다. 유난히 가족들에게서 사랑과 보호를 많이 받았던 작은오빠였다. 그런데 그 작은오빠가 나와 놀고 있던 중에 사고로 세상을 떠났다. 오빠의 일기장을 보며 어렴풋이 나 때문에 가족들이 아프다는 생각을 했다. 그 후부터였던가. 나는 누군가 나로 인해 아픈 것보다 내가 아픈 게 편했다. 행여 조금이라도 마음 불편한 일이 생기면 먼저 자책하고 반성하는 것에 익숙하다.

결혼하고 나서는 그래야 할 일이 더 많아졌다. 이십여 년 동안 남이었던 사람들과 새로이 가족이라는 이름으로 살아가려니 서로 크고 작게 부딪치는 일이 많을 수밖에 없었다. 그럴 때마다 먼저 자책하고 좋은 게 좋은 거라고 생각하며 넘어갔다. 울컥하며 고개를 드는 내 마음속의 화는 그냥 모르는 척 묻어두었다.

그렇게 사는 것이 옳다고 생각하며 살아온 결과, 지금

내 몸이 의지와는 상관없이 반란을 일으키고 있다. 저 구두마냥 상처투성이인 채로 널브러져 있다. 그래서인가 오래된 구두가 보기 싫다. 그렇다고 버릴 마음이 생기는 것도 아니다. 수선을 하면 새 구두처럼 될 수 있을까.

아니다. 새 구두라니. 가만히 생각해보면 이미 십 년 이상을 신은 구두를 두고 새 구두가 되기를 바라는 마음이 오히려 이상한 것 아닌가. 나도 그렇다. 그동안 해왔던 행동들은 모두 내 마음이 편한 대로 '내가' 선택한 결과였다. 그러면서 그것을 상대를 위한 희생 내지 배려라 생각하고 상대가 알아주지 않는 것에 화를 내고 있었던 거다. 속이 다 뒤집어질 정도로 나를 볶아댔던 것은 결국 그 누구도 아닌 나 자신이었던 셈이다.

땅에 늘어져 있는 구두끈을 털어 단정히 묶고 대충 먼지도 닦아내고 나니 그런대로 봐줄 만하다. 낡고 못나 보이던 것이 무던하고 편안해 보인다. 모든 것은 마음에 있다는 말이 참말인가 보다. 힘들면 하지 않으면 된다. 한다면 그것으로 된 것이다. 상대가 알아주든 알아주지 않든 마음에 들어하든 불편해하든 그것은 상대의 몫이다. 상대 마음까지 관리하려다 보니 힘에 부쳤던 것이 아닌가 싶다. 조금 가볍게 살고 싶다. 어디든 쉽게, 편하게 신고 나가는 내 오랜 구두처럼 내 맘도 좀 더 자유로워지고 싶다.

꽃이 진다

걷잡지 못할 만한 나의 이 설움,
저무는 봄 저녁에 져가는 꽃잎,
져가는 꽃잎들은 나부끼어라.
예로부터 일러오며 하는 말에도
바다가 변하여 뽕나무밭 된다고.
그러하다, 아름다운 청춘의 때의
있다던 온갖 것은 눈에 설고
다시금 낯모르게 되나니,

보아라, 그대여, 서럽지 않은가,
봄에도 삼월의 져가는 날에
붉은 피같이도 쏟아져 내리는
저기 저 꽃잎들을, 저기 저 꽃잎들을.

—김소월의 〈바다가 변하여 뽕나무밭 된다고〉

벚꽃이 만발한다 싶더니 어느새 지기 시작한다. 바람이 건들고 지나가면 후드득 후드득 몸을 떨며 떨어진다. 꽃잎이 떨어지는 것을 보면 슬픈 신화의 한 장면을 보는 듯 눈물이 고인다. 천성이 눈물이 많은지 이러저러한 구실로 눈물을 쏟는 일이 많다. 봄에는 이렇게 바람에 꽃잎이 떨어지는 것도 하나의 구실이 된다. 문득 하얀 꽃을 날리던 그녀의 앙상한 손이 떠올라 눈을 감는다.

그녀에게선 늘 들큰씁쓰름한 냄새가 났다. 그녀가 담배 태우던 모습은 다 잊었지만 그녀의 젖가슴을 파고들 때면 맡아지던 체취는 아직도 가슴 속에 남아 있다. 그녀의 투박하고 꺼끌꺼끌한 손바닥에서도, 안으면 닿던 목덜미에서도 나던 익숙한 냄새.

막 봄님이 오실 때였던가. 그녀는 학교에서 돌아오는 나를 얼른 끌어당겨 앉혔다.

"내 새끼 왔나? 춥재? 꽃샘추위가 더 매서븐긴데."

그녀는 차가운 내 손을 품속에 넣었다. 따듯했다. 그날 이후부터였을까. 문득문득 꽃샘추위라는 말이 떠오르면 소리 내어 한 번씩 불러보게 된다. '추위'라는 말이 들어 있음에도 이상하게 '꽃샘추위' 하고 불러보면 마음이 따듯해진다. 그녀의 안쓰러워하던 마음이 배어 있어서일까.

어린 날, 여느 저녁처럼 그녀의 품에 파고들 때 그녀는 장난스럽게 물었다.

"할매가 좋나?"

"좋다."

"얼매나 좋노?"

"하늘만큼 땅만큼 좋다."

그러자 그녀는, 지금은 이렇게 말해도 꼬부랑할망구가 되어 냄새도 나고 누워서 똥오줌 싸게 되면 곁에 오지도 않을 거라고 했다. 그땐 그 말이 왜 그렇게 서운하게 들렸는지 나는 발끈해서 아니라고, 그때도 할머니 옆에서 잘 거라고 호언장담을 했다. 됐다며 뿌리치던 그녀의 손가락을 억지로 걸고 약속까지 했더랬다. 그 약속 때문이었을까. 정말 그녀는 폐암과 치매로 꽤 오랜 세월 고생했고 결혼 전까지 수 년 동안 나는 그녀와 한방에서 지냈다.

그녀의 의식이 머무는 곳은 어디였을까? 그녀에게 가장 좋았던 때일까. 때론 라일락꽃 향기가 물씬 풍기는 비탈길에 쭈그리고 앉아, 학교에서 돌아올 나를 기다리던 때를 어제인 양 이야기하고, 또 때론 내가 모르는 그녀의 젊은 날의 한때를 살고 있는 듯했다. 그래, 나도 손녀의 자리를 잠시 내어놓고는 그녀의 친구가 되고, 이웃집 새댁이 되고, 가끔은 영 모르는 사람이 되어 이야기를 주고받곤 했다. 그녀는 수줍음이 많아 소근소근 속삭이며 조심스럽게 웃었다. 수줍은 웃음이 사랑스러운 그녀였다.

그녀가 늘 사랑스러웠던 것만은 아니다. 자주 고집스러운 떼쟁이가 되어 감당할 수 없게 만들었다. 그럴 때 그녀는 심술 맞고 힘도 세다. 그날 밤도 그녀는 고집스럽게 나를 잠에서 끌어냈다. 그녀는 한 가지를 정하면 아주 오랫동안 집착을 했다. 가령 한곳을 긁기 시작하면 피가 나도록 긁었다. 그 상태로라면 분명 시원함을 넘어 아픔을 느낄 텐데도 그녀가 긁는 것을 멈추게 하려면 애를 먹었다.

그날 그녀의 관심이 쏠린 것은 그녀가 차고 있던 기저귀였다. 접착 부분이 뜯어지는 소리에 눈을 떠 보면 그녀는 기저귀를 벗어버리고 앙상한 아랫도리를 드러내고 있었다. 종종 있는 일이었다. 습관처럼 기저귀가 젖지 않았음을 확인하고는 다시 채웠다. 꿈인 듯 희미하게 들리는 소리에 다시 눈을 떠 보면 어김없이 기저귀는 저편에 던져져 있다. 조금씩 지쳐감과 동시에 입에서는 저절로 '제발' 소리가 나왔다. 그러기를 몇 번, 더 이상은 안 되겠다는 생각에 나는 기어이 굵은 청테이프로 그녀의 허리께를 돌려 감아버렸다.

얼마나 시간이 지났을까. 언제 잠이 든 것인지, 흠칫 놀라며 잠에서 깨어났다. 내가 도대체 무슨 짓을 한 것인가. 머리카락이 쭈뼛 서는 듯한 느낌이 들었다. 밀려드는 후회와 죄책감에 눈을 뜨고 싶지 않았다. 그간의 일이 꿈이었기를 간절히 바라며 참담한 마음으로 그녀를 보았다. 그녀의 허리께 기저귀에는 청테이프가 그대로 감겨 있었지만 그 밑으로는 아무것도 남아있지 않았다. 기저귀는 갈기갈기 뜯어져 사방에 흩어져 있었다. 그녀의 손에는 기저귀에서 뜯어낸 솜뭉치가 쥐어져 있었고 나와 눈이 마주치자 그녀는 보란 듯이 휙 날렸다. 웃음이 나왔다. 그녀와 눈을 맞춘 채 졌다는 표시로 손을 들고는 웃었다. 그녀도 따라 수줍게 웃었다. 웃고 있는 그녀 주위에 뜯어낸 기저귀 솜이 하얀 꽃인 양 내려앉아 있었다.

꽃이 진다. 꽃이 피고 지는 것이 사람의 그것과도 닮아 있다. 피는가 싶더니 어느새 지는 꽃처럼 돌아보면 한순간이었으리라. 봄이 오면 어김없이 꽃은 피고 지건만, 꽃잎이 떨어지는 광경은 여전히 나를 아름다움과 슬픔 사이에서 오랫동안 서성이게 한다. "보아라, 그대여, 서럽지 않은가,/ 봄에도 삼월의 져가는 날에/ 붉은 피같이도 쏟아져 내리는/ 저기 저 꽃잎들을, 저기 저 꽃잎들을." 어디선가 서럽디서러운 소월의 노래가 들려오는 듯도 하다.

이젠 그리움이라 부를 수 있을까

고집불통 작은아이가 넘어졌다. 벌떡 일어서서 달려가는 녀석을 보니 웃음이 나온다. 일 년 전만 해도 작은아이가 넘어지면 꽤나 골치 아팠던 기억이 났기 때문이다. 큰아이는 잘 넘어지지만 넘어지면 금방 털고 일어나 언제 그랬냐는 듯이 하던 놀이를 계속한다. 그런데 작은아이는 큰아이와 다르게 잘 넘어지진 않지만 한 번 넘어지면 일어나지도 않고 일으켜 세워도 그 자리에서 꼼짝

하지 않고 고집을 부리고 있어 속을 태우곤 했다. 그 버릇을 고치겠노라고 달래기도 하고 화도 내보고 두고 가는 척하기도 하고 매도 들어봤지만 잘 고쳐지지 않았다. 그런데 불과 일 년 사이에 제가 언제 그랬냐는 듯이 넘어지자마자 벌떡 일어나 뒤도 돌아보지 않고 뛰어가고 있는 것이다. 신통하기도 하고……, 그 일 년이 아주 길게도 또 짧게도 느껴지면서 조금 이상한 기분이 들었다.

익숙하면서도 좀체 익숙해지지 않는 어떤 느낌, 이 기분, 어떻게 설명할 수 있을까. 뛰어가는 아이의 뒷모습을 보며 문득, 일어설 줄 모르고 하염없이 무릎에 고개를 묻고 앉아 있는 또 다른 아이의 모습이 어른거린다.

"치워라, 내 끼다."

"니가 치워라."

"또 시작이다. 자자, 쫌."

단칸방에서 외할머니와 외삼촌들과 사촌오빠들까지 쭉 누워 잠이 들 시간이면 어김없이 시작되는 작은오빠와의 싸움이다. 할머니의 젖가슴을 두고 서로 차지하겠다고 토닥거리는 통에 할머니는 물론 때론 삼촌들까지 잠을 설치기 일쑤였다.

큰오빠는 학교 때문에 서울 부모님 곁으로 갔고, 작은오빠와 나는 대구 외할머니 댁에서 학교 들어가기 전까지 지내고 있었다. 할머니는 집에서 묵을 쑤어 팔았다. 오랫동안 큰 솥을 주걱으로 저어가며 묵을 쑤던 할머니의 모습이 어렴풋이 떠오른다. 지금 생각하면 그 많은 아이들을 할머니 혼자 건사하기 참 고달팠겠다 싶다. 할머니 품을 파고들면 맡아지던 텁텁하면서도 시큼한, 그러면서도 구수한 냄새가 그립다.

작은오빠와 나는 밥때도 놓쳐가며 동네 친구들과 몰려다니며 놀았다. 조그만 점방 명자 언니네를 돌아 비탈길을 쭉 올라가면 고속버스 터미널이 있었다. 어른들이 절대로 가면 안 된다고 하던 그곳을 오빠와 나는 가끔씩 친구들을 꼬여서 데리고 갔다. 커다란 버스도 보고 매캐한 냄새도 맡으며 별천지에 온 것처럼 마냥 신기해하다가 어른들에게 혼날까 싶어 가슴 졸이며 집으로 돌아오던 길은 왜 그리 멀게만 느껴졌던지. 그 비탈길을 내려오며 보았던 붉은 하늘은 아직도 가슴 한구석을 물들이고 있는 듯 문득 떠오를 때가 있다.

오빠는 유난히 몸이 약한 데다 워낙 밥을 먹지 않아서 할머니는 늘 계란이나 고기반찬을 숨겨두고 오빠에게만 주곤 했다. 그것마저도 오빠가 먹지 않을 땐 그제야 내 차례가 되었다. 오빠가 먹다 남긴 밥이지만 계란에 참기름, 간장을 넣고 비빈 밥이 너무 맛있어서 매일 오빠가 남겼으면 하고 생각했던 적이 있었다. 어릴 적 오빠와 찍은 사진을 보면 내 얼굴은 통통하고 동그란데 오빠 얼굴은 길쭉하니 말라 있어 두고두고 마음이 짠하다.

오빠는 몸만큼이나 마음도 유해서 어쩌다 혼자 나가서 놀면 꼭 울고 들어왔다. 그러면 나는 다시 오빠를 앞장세워 나가서 오빠를 울린 아이를 혼내 주곤 했다. 물론 나보다 훨씬 큰 오빠한테 대들다가 둘이 같이 울고 들어오게 되는 때도 가끔 있었지만 말이다.

작고 약해도 오빠는 오빠다. 밤이 되면 나는 화장실 가는 게 너무 무서웠다. 참다가 결국엔 할머니를 깨우게 되지만 피곤한 데다 막걸리까지 한잔하신 날이면 아무리 흔들고 깨워도 일어나질 못하셨다. 그때 잠이 깬 오빠는,

"내캉 가자."

하며 선선히 일어나 나갔다. 무서워하지 않도록 볼 일다 볼 때까지 이름도 불러주고 노래도 불러주며 기다려주었다. 그때 오빠가 내 손도 잡아주었던가.

학교 입학할 때가 되어 오빠와 나는 서울로 가게 되었

는데 할머니와 헤어져 살아야 한다는 상실감이 어린 나이에 무척 컸다. 특히 작은오빠는 유별났다. 할머니가 가끔 우리를 보러 서울에 오기라도 하면 할머니 곁에서 떨어지려고 하지 않았다. 할머니가 대구로 돌아가기로 한 날이면 오빠는 학교도 가지 않고 집밖을 배회하며 지키고 섰다가 기어이 할머니를 붙잡아 못 가게 했다. 할머니는 '오늘만, 오늘만.' 하며 손자가 붙잡는 걸 뿌리치지 못하고 가기로 예정한 날을 훨씬 넘어서야 돌아가곤 했다. 할머니는 우리들, 특히 오빠를 떼어놓고 가는 게 힘들고, 가서도 며칠은 잠도 오지 않는다며 자주 오려 하지 않았다.

작은오빠가 삼학년이 되던 해 여름, 물가로 피서를 갔던 우리 가족은 돌아올 때 오빠와 함께 오지 못했다. 튜브를 찾아달라는 내 말에 성큼성큼 물속으로 들어갔는데 많은 사람들 속에서 어느 순간 오빠가 보이지 않았다. 분명히 오빠가 가는 것을 쭉 지켜보고 있었는데 갑자기 사라졌다. 심장이 빨리 뛰기 시작했다. 모든 소리들이 뒤섞여 웅웅거렸다. 오빠…… 오빠……. 오빠를 찾아달라는 울부짖음을 끝으로 아무런 기억이 나지 않는다.

깜깜한 어둠이다.

오래지 않아 아버지도 돌아가셨고, 할머니는 그 후 서울에서 함께 살게 되었다. 생계를 책임지는 어머니 대신 집안일을 맡아 해주시던 할머니는 나중에 폐암과 치매로 몇 년을 고생하시다 돌아가셨다. 결혼 전까지 할머니와 함께 지냈으니 오빠 몫까지 내가 할머니와 산 것은 아닌가 하는 생각이 든다.

매년 오빠 묘를 찾았지만 마음껏 울 수조차 없었다. 약속은 없었지만 가족 중 누구도 오빠에 대해 말하는 사람은 없었다. 그 후로도 아주 오랫동안. 우리 가족은 서로에게 상처를 건드리게 될까 두려워했던 것 같다. 묘는 꼭 오빠를 닮았는지 잔디도 잘 자라지 않고 약하게 보여 찾아오는 사람들의 마음을 애달프게 했다. 몇 해 전 아버지께서 묘 주변에 정성껏 심어 놓으신 나무마저 베어내었다. 햇빛이 조금이라도 더 잘 들어 잔디가 건강하게 자라주길 바라면서……. 그러나 여러 해가 지나도 눈에 띄게 달라진 점은 발견할 수 없었다. 여전히 쓸쓸하고 애달파 돌아서면 가슴이 먹먹해왔다.

얼마 전 한식 즈음하여 아버지를 뵙고 오빠에게 들렀다. 힘없어 보이기는 하지만 그런대로 잔디가 올라와 있었다. 반가운 마음에 조심스레 잡풀을 뽑고 있는데 한쪽에 고개 숙인 꽃 한 송이가 오롯이 피어 있는 게 아닌가. 마치 따듯하고 다정한 눈빛으로 내려다보고 있는 듯이 서 있는 그것은 할미꽃이었다. 울컥 눈물이 쏟아졌다. 오빠가 그토록 그리던 할머니가 이젠 오빠 곁을 떠나지 않고 지켜주고 있는 것일까. 돌아서는데 문득 그 옛날 까끌까끌한 손바닥으로 등을 긁어주시던 할머니의 체취와 따스한 느낌이 떠올랐다. 잠 못 드는 밤엔 "괘안타. 자자. 괘안타." 하시던 목소리와 함께.

미안하다는 말도, 아프다는 말도 못했다. 너무 미안해서였다. 그저 넘어진 그 자리에 고개를 파묻고 엎드려 있을 수밖에 할 수 있는 일이 아무것도 없었다. 이제 고개를 들고 천천히 일어나 내 마음을 살피고 있는 나를 본다. 그리고 이제야 이야기한다. 너무 미안하다고. 오빠에게도 나 때문에 자식을, 형제를, 손자를 잃은 가족들에게도 뭐라 말할 수 없을 정도로 미안하다고. 오빠를 그렇게 보내고 많이 아팠다고.

올해도 어김없이 숨 막히게 더운 여름이 오고 있다. 햇살이 너무 뜨거운 오후, 혹은 비라도 후드득 떨어지는 캄캄한 하늘에 갑자기 먹먹해지며 찾아오는 주체할 수 없는 우울함을 올여름엔 너무 힘들지 않게 보낼 수 있을 거라는 기대를 해 본다. 이젠 아프다는 말 대신 오빠가 그립다고 말할 수 있을까.

신나게 뛰어놀던 아이들이 앞다투어 내게로 달려온다.

그날들

목숨까지 떨어지기 전
미루지 않고 사랑하는 일
그것만이 중요하다고
내게 말했던 벗이여

눈길은 고요하게
마음은 뜨겁게
아름다운 삶을

오늘이 마지막인 듯이
충실히 살다보면
첫 새벽의 기쁨이
새해에도 항상
우리 길을 밝혀주겠지요

—이해인의 〈송년 엽서〉 중에서

바람은 없는데 코끝이 찡하도록 차가운 날씨다. 이런 날이면 어김없이 네 생각이 난다. 우린 유난히 겨울을 좋아했다. 대학 2학년 겨울이었지 아마. 그날도 오늘처럼 바람은 없고 날은 매섭도록 차가웠다. 무슨 일로 만났는지는 기억이 나지 않지만 우린 하루 종일 걸어 다녔다. 혜화동 성당에서 성균관 대학교 주변, 성신여대 입구까지 갔다가 다시 되돌아오기를 반복했다. 해가 져서 날이 어두워질 때까지 대학로 구석구석 안 다닌 곳이 없을 정도였다. 아이스크림은 추운 날 먹는 게 제격이라며 아이

스크림콘을 먹으며 걸었던 기억도 나는구나. 귀와 코는 떨어져 나갈 듯이 아팠고, 발에는 감각이 없어진 지 오래였는데도 우린 어쩌자고 그렇게 무턱대고 걸어 다녔던 걸까.

그날 걸린 발의 동상은 해마다 추운 날이면 어김없이 찾아와 그날 그 차갑고도 상쾌한 공기를, 그리고 너를 떠올리게 만들고 있다. 그날의 젊은 우리들은 어렴풋이라도 알았을까. 그날 그 순간들이 이토록 기억에 남을 줄을. 무모했던 수많은 걸음들, 지나쳐가는 낯선 얼굴들, 그 사이를 흐르는 너와 나의 시간들. 그것이 그냥 사라져 버리지 않고 오래 설렘으로, 아름다움으로 환기될 수 있는 까닭은 바로 그 무모함 때문이라는 것을 그때의 우리는 알지 못했다.

〈포레스트 검프〉라는 영화에서 죽음을 앞둔 엄마가 침상에서 포레스트에게 이런 말을 남기지. 인생은 초콜

릿상자와 같은 거라고, 열어보기 전에는 무엇을 집을지 알 수 없다고. 기억도 마찬가지라는 생각이 든다. 잊지 않으리라 다짐해도 어느새 연기처럼 사라지기도 하고 당시엔 아무런 의미가 없는 듯했던 어느 한순간이 평생 지워지지 않는 장면으로 각인되기도 한다. 무엇이 남을지는 지나고 나서야 비로소 알게 되는 것 같다. 현재의 의미는 늘 미래에 완성되는 것이라 말할 수 있을까. 여행을 가면서 좋은 추억을 만들자 하지만 정작 이렇게 오래도록 기억에 남는 순간은 그리 특별하지도 계획하지도 않았던 사소한 순간들이라는 생각을 해본다.

중학교 때였나, 가정 시간에 뜨개질을 숙제로 내준 적이 있다. 털실로 목도리를 떠서 평가를 받아야 했는데 어느 날 학교에서 돌아와 보니 외할머니께서 한참을 떠 놓았더구나. 그런데 할머니와 내가 솜씨가 다르다 보니 목도리의 모양이 예쁘지가 않았다. 할머니는 느슨하고 폭

신폭신하게 떠놓았고 나는 촘촘하게 떠놓아 울퉁불퉁하게 된 거지. 난 망설임 없이 할머니가 떠놓은 부분을 다 풀어버렸다. 꼬불꼬불해진 털실을 보며 뭐하러 그랬냐고 짜증을 낸 것도 같다.

할머니는 그 후로 며칠 동안 팔이 아파 앓으셨다. 그땐 좀 미안하다는 생각이 들 뿐이었는데 이상하게 할머니가 돌아가시고 오랜 시간이 흘러도 그날이 잘 지워지지 않는다. 오래오래 후회가 되었다. 어찌 보면 별일도 아닌 아주 사소한 사건일 뿐인데 왜 여태 가슴 한구석이 시려오는지. 그날이 이렇게 후회로 남을 줄, 그때는 몰랐다. 그러고 보면 추억이란 결국 어떤 사건에 대한 기억이 아니라 사건에 깃들었던 '마음'에 대한 기억이라는 생각이 든다. 슬프고, 아프고, 설레고 사랑하는 마음 등등에 대한 기억 말이다.

미루지 않고 사랑하리라 다짐을 하지만 자주 잊어버리

고 허덕이며 살게 된다. 그러다 너를, 아무 계획 없이 만나 하루 종일 걸어 다녔던 그날을 떠올리면 빡빡한 마음에 숨 쉴 만한 공간이 생기는 느낌이 든다. 발은 꽁꽁 얼었지만 우리를 둘러싸던 무언지 모를 그 뜨거운 공기를 오래 잊지 못할 것 같다.

토머스 신부님께

예수님이 오신 기쁜 날입니다. 아이들의 손을 잡고 성당에 다녀오는 길입니다. 신부님도 제의를 입고 많은 사람들 앞에서 미사를 집전했겠지요. 미사 중에 문득 지난 여름 사제 서품식 때의 신부님이 떠올라 다시 또 가슴이 뭉클해왔습니다. 한 분의 사제가 나기까지 얼마나 오랜 준비가 필요한지 신부님과 그 부모님을 통해서 조금이나마 느끼게 되었답니다.

결혼 전 오랜 기간 주일학교 교사를 하면서 많은 젊은 신부님들을 보아왔습니다. 주일학교를 맡고 있는 보좌 신부님은 교사들과 생활하는 시간이 많았지요. 여름캠프를 준비할 땐 거의 매일 만나 회의했고 그만큼 술자리도 많았답니다. 신부님을 포함한 교사들 모두 그런 뒤풀이 자리를 통해 격려하고 풀며 서로 간의 끈끈한 정을 이어갔습니다. 그러다 보면 신부님을 짝사랑하는 여교사도 종종 생겨났지요. 그런데 한번은 여교사의 짝사랑으로 끝난 것이 아니라 신부님 쪽에서도 반응이 있었다는 이야기를 그 여교사를 통해 직접 듣게 되었습니다. 많이 혼란스러웠습니다.

혼자 사제실에 찾아가서 신부님을 뵈었습니다. 신부님이 켜 둔 촛불이 흔들릴 때마다 신부님의 얼굴도 함께 일렁였습니다. 오래된 엽서를 보는 것처럼 그 장면만 뚜렷하게 기억나고 무슨 이야기를 나누었는지 자세히 생각나지 않습니다. 아마도 신부님으로서 어떻게 그럴 수 있냐는 항변이었겠지요. 그런데 돌이켜 생각해 보면 흥분하고 흔들린 사람은 나였지 신부님이 아니었던 것 같습니다. 흔들리는 촛불에 신부님까지도 흔들리는 것으로 보았던가 봅니다. 그 '사람'이 너무 아파하더라는 말을 하던, 신부님의 차분히 가라앉은 얼굴이 지금에서야 뚜렷하게 떠오르는 것은 무슨 이유일까요?

언젠가 은퇴를 앞둔 노신부님과 이야기를 나눈 적이 있었습니다. 늘 기도와 청빈으로 모범을 보이던 분이셨죠. 다시 이삼십대로 돌아간다면 무얼 하고 싶냐는 물음에 신부님은 조금의 지체도 없이 다시는 그 시절로 돌아가고 싶지 않다고 대답하셨습니다. 이제야 어떤 일 앞에서도 좀처럼 흔들리지 않는 고요함을 알게 되었고 그 안에서 온 마음을 다 할 수 있게 되었는데 왜 다시 그토록 자신과 치열하게 싸우던 시절로 돌아가겠느냐며.

지금 다시 그 사제실에서 신부님과 마주 앉아 있게 된다면 어떻게 하게 될지 생각해 봅니다. 그때의 내겐 '사람'은 없고 '옳고 그름'만 있었나 봅니다. 그러나 그 '옳고 그름'이라는 것도 얼마나 얄팍한 정서에 기초한, 보잘것없는 것이었는지 지금 생각하면 고개가 절로 숙여집니다. 지금이라면, 지금이라면 말입니다. 그저 하느님은 언제나 당신 편이 되어 주실 거라고, 나는 당신을 위해 기도하겠노라고만 말하겠습니다. 당연하게만 생각했던 사제의 길이 얼마나 힘든 행로인지 어렴풋이나마 알기에 그 한 걸음 한 걸음에 기도를 실어주겠습니다. 물론 그 신부님은 훌륭하게 사제의 길을 걷고 있답니다.

언젠가 혼자만의 고뇌 속에서 방황하고 있을 때였습니다. 그땐 정말이지 상처 입을 준비가 되어있다고 할까요? 누군가에게서 보이는, 한 번도 상처를 받아보지 않았을 것 같은 무구한 웃음에서도 홀로 상처를 입을 만큼 가슴은 예민해져 있었습니다. 그들은 그냥 그들의 삶을 살아가는 것뿐인데 나는 늘 겹겹이 방어하느라 진을 빼는 느낌이었습니다. 가까운 지인들의 그 어떤 말도 귓가에서만 맴돌 뿐 위로가 되지 않았습니다. 그때 누군가로부터 엽서 한 장을 받았습니다. 힘내라는 말이 적혀있을 거라는 예상과는 달리 거기에는 이 말 한마디만 적혀 있었습니다.

“하느님은 언제나 당신 편이십니다.”

눈물이 핑 돌았습니다. 그 후로는 견디는 것이 조금 쉬워졌습니다. 내 자신이 너무 초라해 보일 때에도 다시 보듬을 힘이 생겼고, 누군가에 대한 분노와 미움으로 괴롭다가도 어느 한순간 그 끈을 놓아버리고 평안을 찾게 되기도 하였답니다. 누구든 그러면 안 된다고 사랑해야 한다고 일러주었더라면 세차게 고개를 흔들며 더 먼 길을 돌아왔을지도 모릅니다. 아무 말 없이 등 토닥여주며 언제든 '내 편'이 되어주는 존재가 있다는 믿음은 스스로를 용서하게 하고 다른 사람을 용서할 수 있게 하였습니다.

토머스 신부님, 신부님이 가야 할 그 먼 길엔 가다보면 오르막도 있고 내리막도 있겠지요. 산길이 끝나면 들길도 나올 테고 때로는 길이 보이지 않을 때도 있겠지요. 노신부님의 말씀처럼 자기 자신과 치열하게 싸워야 할 순간도 무수히 많을 겁니다. 상처 받을 때도 있고 때론 상처도 주게 되어 '신부님이 어떻게'라는 말을 듣게 될 때도 분명 있겠지요. 그때는 기억하십시오.

'하느님은 언제나 당신편이십니다.'

이제 막 걸음을 떼는 신부님의 발길에 이 누나는 미약하나마 늘 기도를 보태겠습니다. 성탄을 축하합니다. 토머스 신부님.

박진희 수필집
낯선 그리움

인쇄 2018년 4월 10일
발행 2018년 4월 20일

지은이 박진희
발행인 서정환
펴낸곳 수필과비평사
주소 서울시 종로구 삼일대로 32길 36(익선동 30-6 운현신화타워 빌딩) 305호
전화 (02) 3675-3885, (063) 275-4000 · 0484
팩스 (063) 274-3131
이메일 sina321@hanmail.net essay321@hanmail.net
출판등록 제300-2013-133호
인쇄 · 제본 신아출판사

저작권자 ⓒ 2018, 박진희
이 책의 저작권은 저자에게 있습니다. 서면에 의한 저자의 허락없이 내용의 일부를 인용하거나 발췌하는 것을 금합니다.
COPYRIGHT ⓒ 2018, by Park Jinhui
All rights reserved including the rights of reproduction in whole or in part in any form.
저자와 협의, 인지는 생략합니다.
잘못된 책은 바꿔 드립니다.

ISBN 979-11-5933-156-5 03810
값 13,000원

이 도서의 국립중앙도서관 출판예정도서목록(CIP)은 서지정보유통지원시스템 홈페이지(http://seoji.nl.go.kr)와 국가자료공동목록시스템(http://www.nl.go.kr/kolisnet)에서 이용하실 수 있습니다.(CIP제어번호:CIP2018012286)

Printed in KOREA